LANGAGE&SOCIÉTÉ
VARIA

N° **156** / 2ᵉ trimestre 2016

Revue soutenue par
l'Institut des sciences humaines
et sociales du CNRS

LANGAGE&SOCIÉTÉ

Fondateur : Pierre Achard (†)
Directrice scientifique : Josiane Boutet, boutet@msh-paris.fr

Comité scientifique
Sonia Branca-Rosoff (Sorbonne Nouvelle), Norbert Dittmar (Freie Universität, Berlin), Alexandre Duchêne (Fribourg), Joshua A. Fishman † (Stanford University), Monica Heller (Toronto), Reiner Keller (Koblenz-Landau), Salikoko Mufwene (Chicago), Shana Poplack (Ottawa), Sirio Possenti (Campinas), Andrée Tabouret-Keller (Strasbourg)

Comité de rédaction
Johannes Angermuller (Warwick), Michelle Auzanneau (Sorbonne Nouvelle), Josiane Boutet (Paris-Sorbonne), Christine Deprez (Paris-Descartes), Béatrice Fraenkel (EHESS), Françoise Gadet (Paris-Ouest), Luca Greco (Sorbonne Nouvelle), Thierry Guilbert (Picardie), Marc Glady (Dauphine), Caroline Juillard (Paris-Descartes), Dominique Maingueneau (Paris-Sorbonne), Marie-Anne Paveau (Paris 13), Mat Pires (Besançon), Cyril Trimaille (Grenoble 3)

Comité de lecture
Jacqueline Billiez, Paul Cappeau, Louis-Jean Calvet, Cécile Canut, Dominique Caubet, Francis Carton, Patrick Charaudeau, Marianne Doury, Laurent Filliettaz, Médéric Gasquet-Cyrus, Jacques Guilhaumou, Alice Krieg-Planque, François Leimdorfer, Michel Marcoccia, Claudine Moïse, Robert Nicolaï, David Pontille, Nicole Ramognino, Anne Salazar, Véronique Traverso, Gabrielle Varro, Daniel Véronique

Secrétaire d'édition, responsable graphique et de fabrication, mise en place et tenue du site
Sylvie Massat, massat@msh-paris.fr ; tél. : (00 33) 1 53 48 56 33

Responsable des abonnements
Edwige Bossuyt, bossuyt@msh-paris.fr ; tél. : (00 33) 1 53 48 56 32

Conception graphique de la couverture
Frédéric Joffre et Sylvie Massat, frederic.joffre75@orange.fr

Adresse des sites : www.LetS.msh-paris.fr • www.editions-msh.fr
Adresse postale : Langage et société, FMSH, 190, av. de France, bureau 474, 75013 Paris.
Tél. (00 33) 1 49 54 22 36 et 22 69 ; langage.societe@msh-paris.fr

SOMMAIRE

Hommage à Thierry Bulot (1959-2016)
Philippe Blanchet et Gudrun Ledegen 9

VARIA

Le paradoxe du « langage commun » dans les entreprises : entre horizontalisation et contrôle social des pratiques langagières au travail
Vincent Mariscal 13

Négocier la distance institutionnelle.
Discrimination positive et interactions dans une salle de classe
Germán Fernández Vavrik 35

Une socialisation langagière paradoxale à l'école maternelle
Fabienne Montmasson-Michel 57

Manifestations discursives de l'identité professionnelle des éducateurs spécialisés
Marie Veniard 79

Figures du discours et rapport de place dans les lettres de poilus
Anne-Laure Kiviniemi 97

DÉBAT

Retour sur 30 ans d'engagement dans *Langage et Société*
Marc Derycke 123

COMPTES RENDUS

Philippe Blanchet
Discriminations : combattre la glottophobie
Compte rendu de Médéric Gasquet-Cyrus 133

Valéry Debov
Glossaire du verlan dans le rap français
Compte rendu de Françoise Gadet 136

Jean-Marie Klinkenberg
La langue dans la cité. Vivre et penser l'équité culturelle
Compte rendu de Françoise Gadet 138

Alain Rabatel, Michèle Monte et
Maria das Graças Soares Rodrigues (dirs)
Comment les médias parlent des émotions.
L'affaire Nafissatou Diallo contre Dominique Strauss-Kahn
Compte rendu de Malika Temmar 141

Agnès Steuckardt (dir.)
Entre village et tranchées. L'écriture de Poilus ordinaires
Compte rendu de Gilles Siouffi 144

Résumés (français, anglais, espagnol) 147

Dossiers thématiques parus et à paraître 154

Conditions d'abonnement et d'achat au numéro en 2016 156

CONTENTS

A tribute to Thierry Bulot (1959-2016)
Philippe BLANCHET et Gudrun LEDEGEN 9

VARIA

The paradox of 'common language' in businesses: horizontalization and the social control of language practice in the workplace
Vincent MARISCAL 13

Negotiating institutional distance. Positive discrimination and interaction in a classroom
Germán Fernández VAVRIK 35

The paradox of language socialization in nursery school
Fabienne MONTMASSON-MICHEL 57

Language resources for reconciling paradoxical imperatives. Discursive traces of the professional identity of special-needs professionals in the "rapport éducatif" genre
Marie VENIARD 79

Figures of speech and differential status in the letters of World War I soldiers
Anne-Laure KIVINIEMI 97

DEBATE

A personal look back over 30 years of involvement in *Langage et Société*
Marc DERYCKE 123

BOOK REVIEWS

Philippe BLANCHET
Discriminations: combattre la glottophobie
Reviewed by Médéric Gasquet-Cyrus 133

Valéry Debov
Glossaire du verlan dans le rap français
Reviewed by Françoise Gadet 136

Jean-Marie Klinkenberg
La langue dans la cité. Vivre et penser l'équité culturelle
Reviewed by Françoise Gadet 138

Alain Rabatel, Michèle Monte et
Maria das Graças Soares Rodrigues (dirs)
Comment les médias parlent des émotions.
L'affaire Nafissatou Diallo contre Dominique Strauss-Kahn
Reviewed by Malika Temmar 141

Agnès Steuckardt (dir.)
Entre village et tranchées. L'écriture de Poilus ordinaires
Reviewed by Gilles Siouffi 144

Abstracts 147

Thematic sections published and forthcoming 154

2016 Subscriptions and single issue price 156

INDICE

Homenaje a Thierry Bulot (1959-2016)
Philippe BLANCHET et Gudrun LEDEGEN 9

VARIA

La paradoja del «lenguaje común» en las empresas: entre la horizontalización y el control social de las prácticas lingüísticas en el trabajo
Vincent MARISCAL 13

Negociar la distancia institucional. Discriminación positiva
e interacciones en un aula escolar
Germán Fernández VAVRIK 35

Una socialización lingüística paradójica en la escuela infantil
Fabienne MONTMASSON-MICHEL 57

Recursos linguísticos para conciliar órdenes paradójicas.
Manifestaciones discursivas de la identidad profesional
de los educadores especializados en el género «relación educativa»
Marie VENIARD 79

Figuras retóricas y la relación de posición social en las cartas de *poilus* (combatientes franceses de la Primera Guerra Mundial)
Anne-Laure KIVINIEMI 97

DISCUSIÓN

Langage et Société: 30 años de compromiso social
Marc DERYCKE 123

RESEÑAS DE LIBROS

Philippe BLANCHET
Discriminations: combattre la glottophobie
Reseña de Médéric Gasquet-Cyrus 133

Valéry DEBOV
Glossaire du verlan dans le rap français
Reseña de Françoise Gadet 136

Jean-Marie KLINKENBERG
La langue dans la cité. Vivre et penser l'équité culturelle
Reseña de Françoise Gadet 138

Alain RABATEL, Michèle MONTE et
Maria das Graças SOARES RODRIGUES (dirs)
Comment les médias parlent des émotions.
L'affaire Nafissatou Diallo contre Dominique Strauss-Kahn
Reseña de Malika Temmar 141

Agnès STEUCKARDT (dir.)
Entre village et tranchées. L'écriture de Poilus ordinaires
Reseña de Gilles Siouffi 144

Resúmenes 147

Informes publicados y pendientes de publicación 154

Condiciones de suscripción y de compra de números
durante 2015/2016 156

Notre collègue et ami rennais Thierry Bulot nous a quittés prématurément. Toute la rédaction de la revue *Langage et Société* s'associe à la douleur de sa famille et de ses proches.
Nous ouvrons nos colonnes à deux de ses amis de l'Université de Rennes, Philippe Blanchet et Gudrun Ledegren, pour un hommage à l'homme chaleureux et au sociolinguiste que nous avons tant estimé.

Hommage à Thierry Bulot (1959-2016)
par Philippe Blanchet et Gudrun Ledegen

Thierry Bulot est décédé le 25 janvier 2016 à Montfort, près de Rennes, d'un cancer très grave contre lequel il s'est battu avec courage et volonté pendant neuf mois, refusant même de se mettre en arrêt maladie. Ses proches, ses amis, ses collègues, ses étudiants, lui ont rendu un premier hommage ému et vibrant le 28 janvier. Il aurait eu 57 ans cette année.

Né le 30 août 1959 au Havre, Thierry Bulot était très attaché à la Normandie et plus encore à son Pays de Caux et à sa langue cauchoise dont il parsemait ses discours et à laquelle il a consacré l'un de ses rares livres comme auteur unique, au titre évocateur : *La langue vivante*. Il avait fait toutes ses études à Rouen et commencé sa carrière en 1985 comme professeur titulaire de lycée professionnel en Lettres-Histoire au Tréport, ensuite à Dieppe, puis comme Professeur de lettres au Lycée Camille Saint Saëns de Rouen en 1988 et 1989 pour un BTS « Communication et action publicitaires », avant de rejoindre définitivement l'Université.

Il était Professeur des Universités de classe exceptionnelle en Sciences du Langage (sociolinguistique) à l'université Rennes 2. Il y a enseigné depuis 2000, d'abord en échange de service avec l'université de Rouen où il était Maître de Conférences en sciences du langage au département SDL-Communication depuis 1990, puis comme Maître de Conférences à Rennes 2 à partir de 2001, d'abord au département Lettres puis au département Communication. Il y a été promu Professeur en 2008 après avoir soutenu en 2001 à Rouen, sous la direction de Claude Caitucoli et devant un jury présidé par Jean-Baptiste Marcellesi, une Habilitation à Diriger des Recherches intitulée Espaces de discours (pratiques langagières et représentations sociolinguistiques). Il avait soutenu en 1986 à Rouen une thèse spécialisée en analyse des discours politiques sous la direction de Louis Guespin, après un DEA dirigé par Jean-Baptiste Marcellesi et une maîtrise dirigée par Louis Guespin. Il était clairement un héritier intellectuel de l'école sociolinguistique et d'analyse de discours de Rouen, pour laquelle il avait trouvé un terrain très favorable à Rennes 2 et qu'il a toujours enseignées et pratiquées.

Depuis 2001, il a occupé de nombreuses responsabilités à Rennes 2 : notamment membre du Conseil Scientifique puis de la Commission Recherche et du Conseil de l'école doctorale SHS, ainsi que directeur de l'unité de recherche PREFICS (EA 4246) depuis 2012. Il a aussi été membre élu du CNU (section Sciences du Langage), membre du Conseil Scientifique de l'Université Ouverte des Humanités, et des CS de nombreux colloques, revues, organismes de recherches, etc.

Spécialiste de renommée internationale de sociolinguistique urbaine dont il avait fait un secteur spécifique et dynamique de recherche, il a élaboré et dirigé de nombreux programmes de recherche tant locaux qu'internationaux, dans le domaine francophone, notamment au Maghreb. Il était depuis 2012 au sein du PREFICS responsable du programme de recherche transversal « Discrimination langagière et communication dans l'espace public ». Thierry Bulot était également co-responsable, avec Gudrun Ledegen, du projet en cours « L'encyclopédie des migrants » conduit en partenariat avec l'association l'Age de la Tortue (2014-2017) et de nombreux autres projets questionnant, explorant et mettant en débat les relations entre migrations, langages et espaces urbains. Ouvert à l'interdisciplinarité et notamment sur les questions d'espace, Thierry Bulot a créé des collaborations approfondies entre sociolinguistique et géographie sociale (thèses, publications, documentaires…).

Soucieux des implications sociales de la recherche, Thierry Bulot a été à l'origine de nombreux projets innovants de large diffusion des connaissances, notamment la valorisation par le documentaire filmé (le webdocumentaire *Les Murs de la Casbah*, dont il a été le responsable scientifique, est considéré comme un modèle et a été plusieurs fois primé) et par la diffusion en ligne, par exemple conférences et entretiens sur l'Aire Du (la web TV de Rennes 2, dont celui avec Jean-Baptiste Marcellesi en 2002 a été pionnier), la Grande Leçon de l'Université Ouverte des Humanités intitulée « Dynamiques de la langue française au XXIe siècle: une introduction à la sociolinguistique », la Bibliographie Sociolinguistique Francophone en ligne. Il a également créé et dirigé la collection « Espaces Discursifs » chez l'Harmattan qui a publié près de 200 volumes, y compris de jeunes chercheurs, dont de nombreux ouvrages de références. Il codirigeait avec Philippe Blanchet les *Cahiers de Sociolinguistique* devenu sous son élan *Cahiers Internationaux de Sociolinguistique* chez L'Harmattan et mis en ligne sur CAIRN.

Ses propres publications scientifiques sont extrêmement nombreuses, pour la plupart insérées dans des volumes collectifs dont il a piloté un grand nombre, toujours dans cet esprit de travail commun et de partage. Il n'hésitait pas à publier dans des pays du sud, plus soucieux de partenariats équitables et de valorisation des dominés que de valoriser sa propre carrière au regard des critères dominants. Car Thierry Bulot revendiquait clairement d'être un enseignant-chercheur impliqué qui menait une sociolinguistique de crise là où des tensions sociales, des inégalités, des discriminations et des ségrégations pouvaient être mises en lumière, dénoncées, et si possible contestées ou renversées, avec l'appui des intellectuels engagés, par celles et ceux qui les subissent. Il avait accompli son service national au titre de la coopération entre 1982 et 1984 comme enseignant de français au lycée technique de Nouakchott en Mauritanie et en avait ramené une sensibilité particulière pour la collaboration avec nos collègues du Maghreb et d'Afrique subsaharienne.

Thierry Bulot était très attentif aux étudiant-e-s, auprès desquels il mettait en œuvre sa gentillesse, sa bienveillance, son humour joyeux et ses convictions humanistes exigeantes. Il en était très apprécié, et même aimé, comme l'ont montré une fois de plus les hommages reçus au moment de sa disparition. Il avait notamment beaucoup œuvré au Maroc et en Algérie (là dans le cadre du programme de formation doctorale EDAF depuis 2004) ainsi que par des projets de recherches partagés AUF et PHC (ex-CMEP). Il y a dirigé de nombreux magistères et de nombreuses thèses et il y jouit d'une très haute estime de la part de ses anciens étudiants et étudiantes devenu-e-s collègues pour la plupart. Sa grande pudeur et sa grande modestie l'empêchaient de percevoir pleinement toute l'affection personnelle et professionnelle que lui vouaient et lui voueront toujours beaucoup de ses collègues et étudiant-e-s.

Un hommage universitaire sera organisé à Rennes 2 dans les mois qui viennent et des publications mettront en valeur, s'il en était encore besoin, les travaux de Thierry Bulot. Des hommages ont déjà eu lieu spontanément lors de manifestations scientifiques dans divers pays et sont en cours d'organisation notamment en Algérie, et probablement déjà ailleurs sans que nous le sachions pour l'instant.

L'émotion a été immense à l'annonce de son décès prématuré et les réactions à la hauteur de cette émotion. Pour nous, qui l'avons côtoyé quotidiennement depuis des années et accompagné jusqu'à sa fin, qui avons pu apprécier davantage encore la personne exceptionnelle qu'il était, la perte est indicible. Nous pensons aussi beaucoup à sa femme et à son fils. Nous savons désormais à coup sûr qu'il y a des gens irremplaçables.

Rennes, le 6 février 2016

Le paradoxe du « langage commun » dans les entreprises : entre horizontalisation et contrôle social des pratiques langagières au travail

Vincent Mariscal
Université catholique de Louvain, Institut Langage & Communication, Laboratoire Valibel
vincent.mariscal@yahoo.fr

Introduction

Cet article analyse une forme de contrôle social dont le langage au travail a fait l'objet à partir des années 1980. Il s'agit de la volonté, de la part du management, de mettre en place un « langage commun » au sein de l'entreprise. L'étude de ce phénomène organisationnel a été réalisée à partir d'un corpus composé de onze manuels de communication d'entreprise. Ce travail résulte du recensement des manuels de communication d'entreprise publiés en français depuis les années 1980, réalisé pour un projet de recherche mené dans le cadre d'une thèse (Mariscal 2015). Afin de sélectionner les ouvrages servant de base à notre corpus, nous nous sommes efforcés de sélectionner des auteurs présentant des approches différentes en matière de communication d'entreprise, de manière à ce que la vision que nous pourrions donner de cette littérature soit la plus proche possible des multiples axes coexistant dans ce domaine. Nous avons ensuite distribué ces manuels en deux groupes. D'un côté, nous avons des manuels traitant de la communication dite « interne », parfois nommée « marketing interne » (Béal, Frommer et Lestocart 2003, D'Almeida et Libaert 2010, Décaudin, Igalens et Waller 2006, Détrie et Meslin-Broyez 2001, Donjean 2007, Morel 2009). Ces ouvrages ont pour but de théoriser et/ou d'enseigner des techniques employées par le management pour diriger des individus ou des groupes à l'intérieur d'une entreprise par l'intermédiaire de la communication sous différentes formes (pratiques langagières, journaux d'entreprise, Intranet, etc.). De l'autre côté, nous avons un certain nombre de manuels en lien avec les performances individuelles en termes de communication, destinés aux personnes souhaitant améliorer leurs performances communicationnelles, relationnelles et leur assertivité au travail (Cayatte 2008, Guilbert 2007, Lafrance et Lambotte 2008, Nahon et Taskin 2009, Sananès 2011). Il faut insister sur le fait que ces deux types de manuels ne sont pas exclusifs car on peut retrouver des questions concernant la communication interne dans la seconde catégorie et vice-versa. Ces différents manuels ont d'ailleurs en commun l'objectif d'atteindre une certaine efficacité organisationnelle par la maîtrise individuelle et collective des pratiques langagières.

Nous avons recherché, dans ce corpus, notamment à l'aide du logiciel Lexico3[1], l'ensemble des occurrences de « langage commun » afin d'observer précisément ce à quoi elles font référence dans les manuels étudiés. C'est ce qui nous a amenés à formuler notre hypothèse principale qui est qu'il existerait un paradoxe dans la conceptualisation de la notion de « langage commun » entre l'injonction à l'horizontalisation des échanges au travail et le fait que cet outil managérial soit envisagé comme une possibilité de contrôler socialement les pratiques langagières dans les entreprises. Nous avons également mené une recherche systématique des termes issus des sciences du langage que nous pourrions nous attendre à trouver dans des ouvrages tentant de théoriser les pratiques communicationnelles, comme « langage », « langagier(s), -ière(s) », « langue » et « parole ». D'une part, notre but est d'avoir une vision globale de la manière dont les pratiques langagières sont envisagées par les auteurs de ces ouvrages. D'autre part, l'absence de certains termes, le nombre réduit d'occurrences ou les définitions souvent élémentaires données nous ont permis de faire une seconde hypothèse de travail. Elle est que la réduction à l'essentiel des connaissances produites par les sciences du langage nous mène à penser que l'on veut ignorer l'hétérogénéité fondamentale des pratiques langagières et, ainsi, tenter d'écarter une grande part de l'imprévisibilité de cette activité humaine par excellence au travail (Boutet 2008), mais aussi d'euphémiser un rapport salarial intrinsèquement conflictuel (Lordon 2010).

---

1. Lexico3 est réalisé par le laboratoire SYLED-CLA^{2}T, de l'Université Paris 3, Sorbonne Nouvelle.

Ce travail sociohistorique est pluridisciplinaire, il intègre des études venues d'horizons différents et, en premier lieu, les travaux en sociolinguistique et en analyse du discours de Josiane Boutet (2008) et de Bernard Gardin (2005) sur le langage au travail. Notre recherche s'inspire également de l'étude sociologique des idéaux-types circulant dans les manuels de management menée par Luc Boltanski et Ève Chiapello (1999). Elle nous a aidés à étudier la manière dont les interactions langagières sont théorisées dans les manuels de communication d'entreprise et à analyser les arguments avancés par les auteurs, en lien avec la transformation du management à partir des années 1980, pour montrer la nécessité d'adopter un « langage commun » aujourd'hui en particulier dans les organisations mondialisées. Cet article se situant dans une perspective critique, nous verrons quels sont les problèmes posés par cette manière d'aborder le langage au travail. Ainsi, comme Boltanski et Chiapello (1999) l'ont fait pour les principales notions mobilisées dans le discours managérial contemporain, nous voulons comprendre comment la notion de « langage commun » a circulé et a évolué depuis la théorisation du management dans les années 1980. Nous avons également mobilisé des travaux issus de la sociologie critique du travail (par exemple Aubert et de Gaulejac 1991, Linhart 2015) et de la communication (par exemple Floris 1996, Mattelart 2011, Winkin 2001), de l'histoire des idées politiques depuis les années 1980 (Cusset 2008) et des réflexions sur le capitalisme néolibéral et sur l'horizontalisation des institutions à l'époque contemporaines (Lordon 2010, 2015).

Nous verrons, dans la première partie, la manière dont les théoriciens du management se saisissent, au début des années 1980, des enjeux stratégiques liés à la « libération » du langage au travail. Dans un deuxième temps, nous étudierons les différentes formes de « langage commun ». Cette seconde partie se compose de trois sous-sections. Dans la première, nous expliquerons de quelle manière la notion de « langage commun » est apparue dans les théorisations de la communication et du management. La seconde sous-section étudie l'idée de « culture commune », qui est la définition du « langage commun » la plus fréquemment rencontrée dans les manuels étudiés. Troisièmement, nous verrons que le « langage commun » est également défini comme étant un « code commun », code qui revêt des aspects autant linguistiques que socioculturels. Dans la dernière partie, nous montrerons que le « langage commun » correspond à une forme d'idéalisation des interactions langagières au travail intimement liée à l'idéologie néolibérale, censée masquer les aspects conflictuels inhérents au rapport salarial.

1. Les enjeux stratégiques du langage au travail en France depuis les années 1980

En France, au début des années 1980, la question du langage au travail a fait l'objet d'une certaine attention de la part du monde politique autant que de la part des théoriciens du management (Boutet 2008, Le Goff 1989). Émerge, à cette époque, un certain nombre de réflexions dont celle sur la nécessité de mettre en place une loi rendant l'expression des employés libre sur leur lieu de travail. Ces réflexions déboucheront sur la loi Auroux, votée en 1982 par le gouvernement Mauroy lors du premier mandat de François Mitterrand[2] (cf. Boutet 2008, Gardin 2005 : 321-354, Le Goff 1989).

Ce moment de « libération » de la parole au travail correspond, de manière contingente, à l'apparition de la théorisation du management dit « participatif », provenant des États-Unis (voir par exemple Peters et Waterman 1983) et du Japon (voir par exemple Albert 1982, 1983, Archier 1981, Maury 1986, 1990), qui va cristalliser tous les espoirs d'une relance économique dans une France qui souffre des conséquences de la crise pétrolière de 1973. En effet, les modèles industriels américain et japonais connaissent alors un certain succès économique et ils étaient considérés comme exemplaires du soutien de la croissance par un nouveau modèle managérial. Dans ce modèle, la communication sous toutes ses formes, va prendre une place de premier plan (Mariscal 2015).

De cette manière, la libération de la parole au travail par force de loi et le projet néomanagérial se rencontrent et, durant les années 1980, les théoriciens du management semblent prendre véritablement la mesure des enjeux stratégiques liés à la parole au travail (Boutet 2008, Gardin 2005, Mariscal 2015). En effet, le management « participatif » va inspirer de nombreux théoriciens français, qui vont populariser l'idée selon laquelle la communication en général, et les pratiques langagières en particulier, devraient faire partie intégrante du processus productif de l'entreprise, c'est-à-dire contribuer, tout autant, à sa rentabilité, à sa compétitivité et au bien-être au travail (Floris 1996, Mariscal 2015).

Comme Luc Boltanski et Ève Chiapello (1999) l'ont montré cette évolution est, d'une certaine manière, l'aboutissement d'une demande sociale née de la critique, notamment syndicale, des organisations traditionnelles et, en particulier, de celle du paternalisme et du taylorisme. Dans ce sens, l'injonction à « communiquer » au travail peut être vue comme étant comparable à l'injonction à devenir « autonome », ces

---

2. Deuxième paragraphe de l'Art. L. 461-1. de la loi du 4 août 1982.

deux injonctions ayant fait l'objet, parallèlement, d'une gestion et d'une canalisation spécifiques par le management depuis une trentaine d'années (Boltanski et Chiapello 1999, Mariscal 2015). Ainsi, comme toute forme de libération impulsée, au départ, par le salariat, la libération du langage au travail s'est accompagnée de formes de normalisation permettant au management de continuer à maintenir une certaine efficacité productive.

C'est selon ce cheminement que le langage au travail est passé du statut d'excédent, non essentiel à la production, voire d'activité sanctionnée par les règlements internes des entreprises (Boutet 2008, Le Goff 1989), à celui de rouage essentiel du management, vision à laquelle la théorisation de la communication d'entreprise viendra contribuer à partir du milieu des années 1980. Il faut insister sur le fait que cette dernière n'est pas uniquement centrée sur le marketing ou la diffusion d'informations en interne. En effet, elle touche aux deux domaines essentiels du management que sont la mobilisation des salariés et le travail sur l'harmonisation des relations interpersonnelles au travail. Ainsi, alors même que la concurrence et l'individualisation sont de plus en plus fortes dans un contexte néolibéral et globalisé, il faudrait que chaque individu fasse en sorte, pour être et demeurer « employable », de rendre ses relations avec autrui efficaces, en d'autres termes, productives et non-conflictuelles (Mariscal 2015, 2016).

Il est notamment exigé des acteurs de l'entreprise, en particuliers des managers, qu'ils acquièrent une compétence spécifique : le sens de la « connectivité » (Boltanski et Chiapello 1999 : 151, 219). De cette manière, les managers sont appelés à améliorer la qualité de leurs relations avec leurs subordonnés, et à constituer et entretenir des « réseaux » professionnels nationaux et internationaux. Cette compétence va devenir une évidence qui, comme Nicole D'Almeida et Thierry Libaert (2010 : 29) le rappellent dans leur manuel de communication, s'est imposée de l'extérieur, par l'éclatement des organisations sur le plan « spatial », « temporel » et « statutaire ». Ce « monde connexionniste » (Boltanski et Chiapello 1999 : 168, 217) est devenu un mode d'existence, une norme comportementale (Cusset 2008 : 322-323), et les réseaux sont considérés comme devant faire tenir ensemble les différents éléments d'une activité disséminée à travers le monde (Mattelart 2011 : 339, Castells 1998), de manière à ce que tous les acteurs composant l'organisation marchent à l'unisson (Lordon 2010).

Les réseaux devraient ainsi former une maille à travers laquelle l'entreprise est organisée de manière « horizontale » et « démocratique », par opposition à la « verticalité totalitaire » des modèles issus du XIXe siècle

(Cusset 2008 : 322-323), en particulier du taylorisme. Les pratiques langagières sont appelées à consolider cette maille car, selon le manuel de Sébastien Nahon et Laurent Taskin (2009 : 100), « la source principale de la productivité réside dans le transfert des intentions, des actions et des savoirs des différents acteurs des processus de production ».

2. Les différentes formes de « langage commun »
2.1. L'horizontalisation de l'entreprise

Nous allons débuter maintenant l'analyse proprement dite de notre corpus de manuels de communication d'entreprise. Le problème de l'asymétrie entre les acteurs de l'entreprise semble venir motiver une action directe du management et de la communication d'entreprise sur les pratiques langagières. Certains auteurs de manuels comme Jean-Pierre Béal, Franck Frommer et Pierre-André Lestocart (2003 : 134) notent que le top-management a tendance à s'exprimer « dans un langage technocratique et abstrait », ne permettant pas de donner accès aux informations qu'ils veulent transmettre à l'ensemble des acteurs se trouvant plus bas qu'eux dans la hiérarchie. Philippe Morel (2009 : 120) résume cette problématique dans son manuel en disant que « l'entreprise qui a décidé de parler doit veiller à être comprise par tous », car « chacun ne sera pas nécessairement familiarisé avec un discours de spécialiste ». La solution avancée est de faire un effort de vulgarisation en utilisant « un langage simple » et de proscrire « les tournures alambiquées, les figures de rhétorique et le jargon technique » (Cayatte 2008 : 88). La réponse apportée à l'asymétrie est donc de l'ordre de la forme, de la stylistique à adopter pour permettre à tous les acteurs, ne disposant pas nécessairement des mêmes compétences linguistiques, d'avoir un accès efficace aux informations circulant dans l'entreprise, et surtout à celles provenant du top-management. En effet, les propos de la frange de la hiérarchie la plus qualifiée devraient être accessibles à la frange la moins qualifiée, supposée se trouver au bas de l'échelle hiérarchique. Cela reflète l'image classique d'une entreprise « verticale » où les compétences vont croissantes lorsque l'on se rapproche du haut de la pyramide hiérarchique, et où l'action de vulgarisation revient à « horizontaliser » son propos, c'est-à-dire à renverser le rapport de pouvoir classique existant entre les différentes classes socioprofessionnelles, tout du moins symboliquement.

Mais il ne s'agit pas d'adopter une posture égalitariste, c'est-à-dire de montrer une volonté d'abolir tout rapport de domination de classes, mais seulement d'éviter la « communication verticale » (Lafrance et Lambotte

2008 : 34) faisant obstacle à l'échange d'informations. En effet, pour que le langage émanant du top-management soit opérationnel et efficace, il faudrait que n'importe quel employé soit capable de comprendre rapidement « les tenants et aboutissants du message » (Lafrance et Lambotte 2008 : 34). Donc, la communication verticale, réputée être celle de la hiérarchie traditionnelle, paternaliste et tayloriste est remise en cause et sert de base à un discours défendant l'horizontalité des rapports interpersonnels, mais en tant qu'objectif pratique et non pour défendre une quelconque idéologie sociale. Le but réel de cette horizontalisation semble être de favoriser la participation, au sens de l'implication, du partage de l'information et non du partage du pouvoir décisionnel (Mariscal 2015).

2.2. Le « langage commun » comme culture d'entreprise

C'est cela qui motive, dans les textes étudiés, l'intervention sur le langage au travail par la construction d'une communication que tous seraient capables d'interpréter. Cette communication est construite selon les prérogatives des instances managériales. De cette manière, le « cadre », qui désigne dans le manuel de André-A. Lafrance et François Lambotte la situation de communication, est appelé à être « adapté au contenu du message » et non l'inverse, ce qui est une indication du degré de normalisation envisagé par les auteurs. Par exemple, le lieu d'une réunion devra être adapté, par son environnement et par le profil ou le comportement des individus présents durant l'échange, au message que l'entreprise voudra faire passer, pour que celui-ci ne soit pas « pollué » et que l'on atteigne l'objectif visé (Lafrance et Lambotte 2008 : 33). Ainsi, de manière contre-intuitive, c'est le contexte qui devrait être adapté au message et non le message au contexte.

Pour ce faire, la communication d'entreprise préconise l'adoption d'un « langage commun »[3]. Cette notion apparaît déjà chez les pionniers américains du nouveau management au début des années 1980, dans *Le prix de l'excellence* de Thomas Peters et Robert H. Waterman. Dans ce livre, les auteurs ont enquêté sur les entreprises ayant rencontré les meilleurs résultats aux États-Unis depuis le milieu des années 1970, et ils décrivent les méthodes de management de ces organisations comme étant celles dont on devrait s'inspirer pour atteindre le succès. Thomas Peters et Robert H. Waterman (1983 : 120) relient le « langage commun » aux propos du spécialiste en stratégie des organisations, Andrew Pettigrew, qui considère

---

3. Cette recommandation est présente dans 45 % des vingt-deux manuels de communication d'entreprise que nous avons étudiés dans notre thèse (Mariscal 2015).

que le « façonnement de la culture » est le rôle du top-management et la clé du succès, comme le montreraient les expériences menées par des multinationales telles que Hewlett-Packard, IBM et Digital.

Le « langage commun » est ainsi relié à une notion fondamentale du nouveau management, qui est la « culture d'entreprise », cette dernière englobant, chez Thomas Peters et Robert H. Waterman (1983 : 120), le langage au même titre que les « symboles », les « idéologies », les « croyances », les « rituels » et les « mythes ». Le langage est donc défini à partir de signifiants et d'archétypes socioculturels. Mais, l'argument avancé par Thomas Peters et Robert H. Waterman (1983) n'est pas de s'appuyer sur des bases socioculturelles existantes que l'on pense être partagées par le plus grand nombre dans une société donnée, mais de les créer de toutes pièces, notamment en mettant en place des mots et des expressions spécifiques à l'entreprise afin de favoriser la cohésion entre les individus. Nous remarquons, ici, une véritable proximité entre le marketing qui est traditionnellement l'objet de la communication externe, et la communication d'entreprise, le « marketing interne », par exemple Béal, Frommer et Lestocart 2003. Ainsi, Thomas Peters et Robert H. Waterman (1983 : 122) appellent de leurs vœux la mise en place d'un « nouveau langage », de « nouvelles métaphores et de nouveaux modèles » pour construire « un ensemble sensé, cohérent et mémorisable ». Nous voyons donc apparaître, chez ces pionniers du management contemporain, non pas des propositions concrètes pour mettre en place un « langage commun », mais un horizon idéal, esprit que nous retrouvons dans les manuels de communication d'entreprise, comme nous le verrons plus bas.

Nous trouvons en France, dès 1981, des propositions similaires chez les théoriciens du management. Par exemple, Georges Archier (1981 : 84), veut inciter les organisations, en s'inspirant du succès des entreprises japonaises, à créer un ensemble de pratiques culturelles et professionnelles communes médiées par le langage. Hervé Sérieyx (1982 : 56) fait de même en 1982, en appelant à la création d'un « langage commun à tous les niveaux et dans toutes les réunions », pour que l'intercompréhension et l'intégration de chacun soient complètes.

C'est sous la forme d'une culture d'entreprise que la question du « langage commun » est principalement traitée dans les manuels de communication d'entreprise que nous avons étudiés, c'est-à-dire à la manière des précurseurs américains et français du management. Ainsi, dans leur manuel de communication, Philippe Détrie et Catherine Meslin-Broyez (2001 : 84) définissent le « langage commun » comme l'instauration d'un système de valeurs propres à l'entreprise. Cela signifie qu'il faudrait faire en sorte, par l'intermédiaire de la communication d'entreprise, d'organiser et de favoriser « les échanges d'information dans ses flux descendants, ascendants et transversaux », de diffuser « une information honnête et accessible aux différentes cibles internes de l'entreprise », de « faire de l'organisation et pour chacun un lieu où il fait bon travailler » et de favoriser « la promotion d'un même langage et d'un même référentiel pour que chacun puisse s'identifier à l'entreprise ou plus modestement s'intégrer dans son système de valeurs » (Détrie et Meslin-Broyez 2001 : 84). Pour ce faire, on devrait mesurer « régulièrement les opinions et les attentes de ses différentes cibles » et évaluer « l'impact des actions qu'il [le communicant d'entreprise] a menées et leur cohérence avec la stratégie de l'entreprise ». Le communicant devra effectuer « ensuite les ajustements nécessaires » de manière à ce que les pratiques langagières et les comportements de chacune des parties prenantes soient alignés sur les attentes de l'entreprise (Détrie et Meslin-Broyez 2001 : 85). Le but est, au final, que les acteurs de l'entreprise acquièrent le langage propre à leur organisation, en d'autres termes qu'ils incarnent leur entreprise en l'utilisant quelle que soit la situation.

Cette forme d'« identité d'entreprise », pour reprendre l'expression utilisée par Nicole D'Almeida et Thierry Libaert (2010 : 13-14) qui pourrait s'apparenter à une forme d'identité nationale, de patriotisme, correspond à « un ensemble de caractéristiques indépendantes » donnant à l'entreprise, « à travers les individus, sa spécificité, sa stabilité et sa cohérence, et lui permet d'apparaître en propre et d'être reconnue ». En effet, l'« identité d'entreprise » par l'intermédiaire de la communication d'entreprise :

> […] traduit et organise la personnalité de la firme à travers une série cohérente de signes qui vont du plus visible (logo) au moins concret (opinions et comportements des employés) en passant par des étapes intermédiaires (telle la marque). L'identité d'une organisation est le système résultant de l'interaction de quatre types de facteurs : les facteurs politiques (histoire et personnalité des dirigeants, caractéristiques du pouvoir de tutelle), économiques (stratégie de produits et de développement), structurels (type d'organisation et de répartition du pouvoir, procédures et système de gestion retenu), et symboliques (rites, langages et symboles organisant l'équilibre interne du groupe social). Ce dernier point renvoie à un imaginaire organisationnel qui permet au salarié de se situer et de s'engager. Il s'agit là d'un des moteurs de la motivation et de l'implication de soi. (D'Almeida et Libaert 2010 : 13)

Le but paraît donc clairement de réaliser une symbiose entre l'individu et l'entreprise, pour reprendre le terme utilisé par Nicole Aubert et Vincent de Gaulejac (1991 : 58).

Le langage est traité, à raison, comme un producteur de lien social, à l'instar d'autres éléments comme la construction et l'entretien de « rites (décorations, remise de médailles) » et de « symboles (taille des bureaux, tenue vestimentaire, organisation de sessions hors entreprise, etc.) » qui sont « constitutifs d'un processus d'identification par lequel l'individu se retrouve dans l'entreprise et y ajuste son comportement » (D'Almeida et Libaert 2010 : 29). C'est à cette fin que la communication d'entreprise devrait créer « un langage commun qui permet à chacun d'orienter et d'adapter son comportement professionnel » (*ibidem* 2010 : 29). Les auteurs disent tirer la notion de « langage commun » des « champs ethnologique et anthropologique où elle désigne le ciment par lequel par lequel des personnes se sentent appartenir à la même société et existent comme une totalité organisée » *ibidem* 2010 : 28-29). Dans le contexte de la communication, cela renvoie typiquement à la culture d'entreprise, c'est-à-dire à « une histoire, à des valeurs et à des pratiques que les communicants internes vont mettre en scène » (*ibidem* 2010 : 29). Ainsi, si le « langage commun » est un « ciment » culturel, celui-ci est fabriqué par le management ou par la communication interne et n'est pas, à proprement parler, le produit d'un processus sociologique qui fait que les individus partagent les mêmes affects (Lordon 2015 : 25, 67).

Le « langage commun » tel qu'il est inclus dans le concept d'identité d'entreprise, n'est pas non plus sans rappeler le *storytelling* (Salmon 2008), dont le but est de construire de toutes pièces ou de réactualiser, en l'idéalisant, une histoire de l'entreprise et un système de valeurs par l'évocation « des grandes figures ou étapes de l'entreprise », ce passé faisant l'objet d'un embellissement qui « donne au groupe une origine, un sens et un ancrage » (D'Almeida et Libaert 2010 : 13). Nous retrouvons ici le cas classique du système « managinaire » décrit par Nicole Aubert et Vincent de Gaulejac (1991), contraction de « management » et d'« imaginaire », que la communication d'entreprise cherche à construire en associant « langage commun » et culture commune, le premier étant le véhicule du second.

Ainsi, les théoriciens de la communication défendent l'idée que l'on peut intervenir sur le langage afin qu'il corresponde à un « imaginaire organisationnel » commun, permettant « au salarié de se situer et de s'engager », l'identité d'entreprise étant l'un « des moteurs de la motivation et de l'implication de soi » (D'Almeida et Libaert 2010 : 13). Cette manière de vouloir relier et unifier le « corps social » dans l'entreprise (*ibidem* 2010 : 28) pour permettre une communication horizontale, est donc à l'initiative du management et/ou des organes s'occupant de la communication interne, et résulte donc d'un mouvement vertical descendant.

2.3. Le « langage commun » comme code commun

Ce façonnement de l'identité des individus au travail devrait ainsi s'opérer par une intervention directe sur les pratiques langagières, en inventant ce que l'on pourrait appeler une *novlangue* façonnée à partir des intérêts propres à une entreprise, pour utiliser un terme issu de *1984* de George Orwell et repris, depuis, par nombre de commentateurs. Le « langage commun » fait donc partie d'un processus global, où chaque entreprise « s'invente un langage, un code déontologique et vestimentaire », qui sont autant d'éléments d'identification et de normalisation des comportements.

L'idée de « code commun » complète et précise la manière dont le « langage commun » est défini. En effet, le « langage commun » est érigé au rang de langue interne à l'entreprise, qui fait que chacun reste connecté, sans qu'il y ait d'échecs possibles dans les interactions. Ainsi, comme nous l'avons dit, le « langage commun » doit être valable en toutes circonstances et cela est d'autant plus vrai si on le considère comme un code commun.

Pour clarifier la manière dont ce code est défini, nous en avons étudié les différentes occurrences dans les manuels de communication d'entreprise analysés. Ramez Cayatte (2008 : 30) aborde la question du code commun selon l'angle de la standardisation, c'est-à-dire par la mise en place d'un « référentiel de communication », appelé à devenir la « « bible » de la communication ». Malgré cela, il s'agit surtout d'un document utile pour que chacune des parties prenantes, dans le cadre d'un projet, possède une base commune pour travailler et soit en accord sur les principaux « arguments justifiant sa réalisation et un glossaire des mots-clés » (*ibidem* 2008 : 30). Ainsi, nous pouvons supposer que ce type de « langage commun » ne concerne pas l'ensemble de l'entreprise, il est local, car il s'inscrit dans le cadre d'un projet particulier et ne couvre que des besoins pratiques et techniques valables à un moment donné.

Mais le « langage commun », défini comme un code commun, peut prendre un caractère plus englobant. Ainsi, pour André-A. Lafrance et François Lambotte (2008 : 33), il faudrait mettre en place un code de manière à ce que chacun puisse « « décoder » le langage (verbal ou écrit) utilisé » et ainsi être en mesure de « comprendre le manager ». En effet, lors d'une « communication verticale, les employés ne pourront pas comprendre le manager s'ils ne sont pas initiés aux termes spécifiques du langage technique », par exemple de l'informatique, et le « langage devient une barrière à [la] communication de groupe car les employés sont susceptibles de ne pas comprendre les tenants et aboutissants du message » (Lafrance et Lambotte

2008 : 34)[4]. Le salarié qui a des compétences moindres que son locuteur est donc un simple « décodeur » des messages émis par le management, et il est prêt à agir car il maîtrise le code avec lequel on s'adresse à lui. De cette manière, si le destinataire-décodeur « se met en situation de ne pas pouvoir être rejoint par le moyen/instrument utilisé par l'émetteur », il « déforme le contenu en lui appliquant, de façon plus ou moins consciente, un code inapproprié », et il devient alors un « interprète » qui « associe systématiquement les messages d'une certaine nature à un événement passé qui place ces messages dans un contexte défavorable dès leur émission » (*ibidem* 2008 : 52-53). Dans ce cas, le destinataire-décodeur peut être défaillant.

Un certain nombre de schémas de communication dans les manuels étudiés se présentent ainsi sous une forme minimale et horizontale, comme les deux exemples ci-dessous le montrent (figures 1 et 2) :

Figure 1 - Schéma de communication proposé par Pierre Guilbert (2007 : 19)

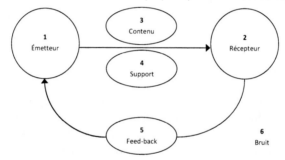

Figure 2 - « Un modèle théorique pour la communication interne » proposé par Jean-Marc Décaudin, Jacques Igalens et Stéphane Waller (2006 : 61)

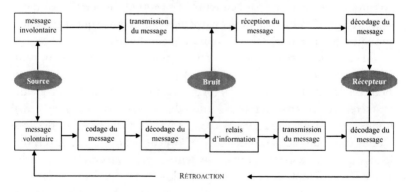

---

4. Les auteurs rapportent ici les propos de Loïc Delvosal.

Cette vision du langage est présente depuis plus de soixante ans dans les sciences de la communication, et rappelle celles des pionniers de la linguistique moderne, comme celle de Ferdinand de Saussure ([1916] 1972) ou de Roman Jakobson (1963). Le but est simplement de repérer les éléments fonctionnels essentiels permettant la transmission d'un message entre un locuteur et son destinataire, et ce type de modèle paraît, de cette manière, assez général pour être applicable en toutes circonstances.

Mais, cette définition du langage a surtout subi l'influence de la « cybernétique » (Mattelart 2011) et, en particulier, de *The Mathematical Theory of Communication* proposée, à la fin des années 1940 par Claude Shannon et Warren Weaver ([1949] 1972) à la suite du mathématicien Norbert Wiener (1948):

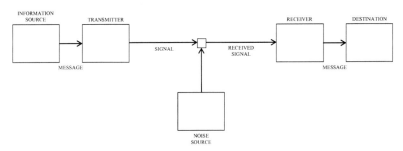

Figure 3 - Système de communication universel proposé par Claude Shannon et Warren Weaver ([1949] 1972 : 7, 34)

Comme la figure 3 le montre, nous avons donc affaire, avec la cybernétique telle qu'elle est schématisée dans la *Théorie mathématique*, tout comme avec le langage tel qu'il est représenté dans les manuels, à une idée « très visuelle, très explicite, très "évidente" » du langage, où « le phénomène de la communication interindividuelle va de soi » (Winkin 2001 : 39, 53), sans que l'on semble envisager la possibilité du raté, du malentendu et de l'incompréhension. C'est cet aspect en particulier qui va être approfondi dans la section suivante.

3. Le « langage commun » comme outil de dé-conflictualisation du rapport salarial

Il semblerait que l'objectif de l'instauration d'un « langage commun » dans une entreprise soit d'effacer toute asymétrie interactionnelle et sociale à travers la chaîne hiérarchique, en allant du haut vers le bas. Les problèmes posés par l'asymétrie dans les compétences langagières au travail ont été mis en évidence depuis un certain nombre d'années par la sociolinguistique et par la linguistique interactionniste (Filliettaz 2007, Kerbrat-Orecchioni 1992 : 71, Vergely 2008). Mais, les théoriciens de la communication ne se positionnent pas par rapport à ce type d'études, puisque leur objectif est avant tout de créer une relation efficace, productive et mobilisatrice entre un point A, le (top-)management et un point B, les employés, mais aussi d'euphémiser les rapports symboliques de pouvoir, en particulier ceux passant par le langage (Bourdieu 2001), entre les différentes classes d'acteurs de l'entreprise.

Ainsi, dans les schémas reproduits ci-dessus, c'est la symétrie, l'horizontalité et la réciprocité qui dominent, même si cette réciprocité n'est figurée que par le « *feedback* » (figure 1) ou par la « rétroaction » (figure 2), c'est-à-dire par un simple retour sur expérience. Le fait de ne repérer que les éléments fonctionnels essentiels et de traiter le langage comme un code nous donne l'impression que les interactions langagières peuvent être, en effet, symétriques et qu'un unique modèle langagier peut être applicable en toutes circonstances. Cette vision relativement simple valide l'expertise des auteurs des manuels de communication d'entreprise ou, en tout cas, les éléments qui nous sont donnés ne nous permettent pas de remettre en question sa logique interne, sans apporter d'éléments extérieurs.

Nous remarquons également qu'un certain flou existe quant au véritable prescripteur du « sens » et des valeurs communes que le « langage commun » devrait véhiculer. Par exemple, lorsque dans leur manuel Jean-Pierre Béal, Franck Frommer et Pierre-André Lestocart nous indiquent que le rôle du communicant est de « produire du sens et expliquer », on ne sait pas du sens de quoi il s'agit, ni qui le construit. La communication d'entreprise est ainsi présentée comme étant sans sujet, indéfinie et intransitive, le message des manuels se réduisant à l'injonction suivante : il « faut de l'échange, de l'argumentation, de la pédagogie, bref de la parole (voire de l'émotion) pour convaincre, être convaincu et vouloir changer de comportement » (Béal, Frommer et Lestocart 2003 : 28).

La vision du langage défendue dans les manuels de communication nous paraît correspondre à l'utopie que Bernard Floris (1996 : 226) appelle une « idéologie managériale consensuelle et intégrative ». Cette tendance à idéaliser les pratiques langagières en prétendant offrir aux entreprises la possibilité d'une communication censément horizontale et d'une intercompréhension parfaite contribue à effacer le caractère éminemment coercitif de l'idée de « langage commun », qui s'oppose au projet de libération de la parole au travail. Qui plus est, l'idée que l'on puisse fabriquer de toutes pièces un « langage commun », nous laisse à penser que l'on veut donner aux faits sociaux et langagiers « une prévisibilité relative », voire totale (Coutrot 1998 : 169), atteindre une maîtrise dépassant toutes contraintes socioculturelles et contextuelles.

Plus largement, comme nous l'avons montré ailleurs (Mariscal 2016), les auteurs des manuels de communication d'entreprise comme ceux de management, éludent la question de la verticalité, c'est-à-dire du conflit inhérent au rapport salarial. Ainsi, l'utopie d'une communication horizontale correspond à la vision néolibérale d'une société a-institutionnelle, d'une possible existence autonome et détachée des rapports de pouvoir (Lordon 2015 : 25, 56). Mais, comme Frédéric Lordon (2015 : 217) le montre, l'horizontalité est aussi une puissance normalisatrice et la communication, telle qu'elle est présentée dans les manuels n'est, en dernière analyse, qu'une « pétition de principe donnant le problème pour résolu d'avance ». D'ailleurs, le philosophe montre que, si une communauté peut être rendue horizontale, cette horizontalité est toujours provisoire, car elle est prise dans une perpétuelle instabilité passionnelle (Lordon 2015 : 318).

La communication d'entreprise se veut également résolument interculturelle, dépasser les barrières idéologiques, les clichés et les cultures nationales, conformément à l'esprit du management depuis le début des années 1980 (Cusset 2008, Mariscal 2015). Ainsi, paradoxalement, malgré un appel à la normalisation et à la standardisation, il faudrait comprendre « la spécificité des cultures dans lesquelles intervient l'entreprise », et « rechercher ce qui peut être accepté par elles et de miser sur les complémentarités » (D'Almeida et Libaert 2010 : 122). Il apparaît donc que, dans le cadre de la mondialisation, on voudrait donner l'illusion aux acteurs d'appartenir à un collectif, à un « village planétaire » (Breton 1992), lui-même fondé sur les idées de « libre-échange » (Mattelart 2011), d'« autonomie », de « responsabilité » dans une communauté humaine unifiée, sans classes sociales, où l'intercompréhension est une évidence (Clot 2008 : 12-13, 16, 21). C'est ce qui permettrait, toujours conformément à l'idéologie néolibérale, d'éloigner la « tentation communautaire » tout en créant une communauté de travail partageant strictement la même culture. Finalement, le discours des manuels de communication, semble s'inscrire dans le cadre d'un néolibéralisme cherchant à résoudre, tout du moins de manière performative, toutes contradictions. Ce discours rend, ainsi, l'utopie de l'horizontalité parfaitement réalisable en mettant en scène une société où tous les « sujets libres » pourraient nouer librement des rapports (Lordon 2015 : 69), où les interactions langagières seraient symétriques.

Nous relions cela à une interprétation particulière de la démocratie, que l'on présente comme étant le « fruit d'expériences empiriques et non idéologiques », comme une « synthèse historique globale » où toute discontinuité, comme le conflit, n'est acceptable que si elle ne remet pas en cause les fondements du système (Benasayag et del Rey 2007 : 16-17, Mariscal 2016). Selon Miguel Benasayag et Angélique del Rey (2007 : 17), ce caractère absolu « est masqué par la revendication assumée de la controverse, des opinions divergentes comme le respect de l'antagonisme des intérêts. À ceci près que ces controverses et divergences n'ont le droit d'exister que dans le cadre d'une normalisation intérieure au système ».

Il ne s'agirait donc pas, à travers la culture d'entreprise, de manipuler les acteurs, mais de les faire consentir volontairement à marcher ensemble en les intégrant, en particulier par le langage, à un même « système de valeurs ». Il n'en est pas moins que « langage commun » continue de rimer avec vision commune et plus difficilement avec interculturalité ou pluralisme, car il s'agit bien de créer, pour reprendre l'expression de Thomas Peters et Robert H. Waterman (1983 : 262), une « grande famille », par l'instauration du consensus et par l'universalisation des intérêts particuliers, dont Bourdieu (1977 : 408) fait la définition de l'idéologie elle-même.

Le management s'en trouve désincarné, on ne connaît que les fins du dispositif, qui sont de fluidifier les relations entre le haut et le bas de la hiérarchie de manière à rendre l'entreprise efficace, par une intervention directe sur les éléments de langage qui y circulent, sans nous dire quels sont, exactement, les moyens envisagés. Nous savons seulement, par l'intermédiaire du manuel de Christine Donjean (2007 : 100), qu'il faudrait mettre en place de véritables « plans de formation » pouvant s'étendre sur plusieurs mois, voire sur plusieurs années. Le but est de s'assurer que tous les acteurs comprennent et intègrent les « attitudes » et les « concepts-clés requis par l'organisation », « en d'autres termes que l'on parle le même langage » (*ibidem* 2007 : 100). Le « langage commun » demanderait ainsi un véritable investissement de la part de l'entreprise pour le mettre en place, et de la part de l'ensemble des acteurs pour l'acquérir.

Conclusion

Nous avons vu, tout au long de cet article, que le langage au travail avait évolué selon une trajectoire spécifique depuis les années 1980, en passant du statut de quasi-interdit à une volonté, de la part du management, de l'intégrer parfaitement au fonctionnement de l'organisation. Il semble que les théoriciens du management aient alors pris conscience de ses enjeux stratégiques, notamment en termes de participation, de mobilisation mais aussi de maîtrise possible du langage au travail ainsi libéré. Il s'agit, désormais, de connecter les individus, de fluidifier les relations au travail, avant tout du haut vers le bas de la hiérarchie. Pour ce faire, la communication d'entreprise devrait se donner pour but de résoudre des contraintes socioculturelles. Ainsi, la libération du langage au travail et l'horizontalisation de l'entreprise masquent d'autres modes de contrôle, de normalisation, non moins coercitifs que ceux que l'on a connus jusqu'ici, mais aussi le déni des rapports conflictuels et passionnels inhérents à toute relation sociale, en particulier au travail. De cette manière, le « langage commun » correspond à une utopie basée sur une homogénéisation linguistique et culturelle particulièrement stricte, notamment lorsqu'il est défini comme un code commun.

Derrière un discours mettant en scène la démocratisation ainsi que la fin du paternalisme et du taylorisme, nous avons un discours pratique et pragmatique, qui suggère le remplacement de la culture des individus par une culture entrepreneuriale endémique. Paradoxalement, il faudrait éviter tout communautarisme et toute idéologie, conformément à la pensée néolibérale. Enfin, nous avons vu que les moyens préconisés pour imposer le « langage commun » restaient dans le flou. On n'en connaît que les fins dont les aspects utopiques peinent à masquer un objectif classique qui est le contrôle intégral, par le management, du système de production.

En effet, le problème central posé par la notion de « langage commun » est de prétendre qu'une homogénéisation des pratiques langagières au travail est possible et nécessaire, alors même que les rapports socioculturels témoignent, bien au contraire, d'une hétérogénéité fondamentale. D'une part, il semble que le management cherche ainsi à résoudre les contradictions inhérentes aux rapports sociaux de production, mais aussi à euphémiser un rapport salarial intrinsèquement conflictuel. D'autre part, comme Luc Boltanski et Ève Chiapello (1999) l'ont montré, le management tel qu'il a cherché à se réinventer au début des années 1980, vient combler le vide laissé par un discours syndical construit comme une base identitaire sur laquelle toute culture salariale devait venir reposer. Comme Bernard Gardin (2005 : 279, 281) l'a analysé, le discours syndical des années 1970 faisait comme « si les travailleurs devaient abandonner leurs caractéristiques linguistiques » pour adhérer à des formes standardisées plus adaptées aux luttes sociales contemporaines. Mais, le discours managérial, au lieu de tendre vers l'émancipation de l'individu, a débouché sur la prescription d'une forme de solidarité « mécanique », « passive », « imposée par les conditions de production » par le biais des pratiques langagières. Ainsi, la capacité d'expression des travailleurs qui fut le vœu, concomitamment, de la loi Auroux de 1982 et du nouveau management, en sort détériorée par le « langage commun ». Cet outil est donc un exemple de lutte « contre la privation de parole » et donc « contre l'aliénation » aboutissant, paradoxalement, à une nouvelle « conquête » de la parole au travail (Gardin 2005 : 284). Il apparaît que les schémas de communication occupent eux aussi une fonction essentielle de réduction de la compréhension du langage au travail en lui imposant une « raison graphique » bidimensionnelle et figée (Goody 1979 cité par Gardin 2005 : 335, Foucault 1966).

La libération effective de la parole au travail, telle qu'elle est présentée dans les manuels de communication, est donc toute relative. De l'aveu même des auteurs des manuels, cette parole « libérée » par un système participatif se trouve remodelée dans le meilleur des cas à une fin « pédagogique » et de cohésion, en garantissant « une cohérence de la parole de l'entreprise, mais en la rendant moins monolithique, pour orienter le salarié dans le flux de connaissances et d'informations qui lui est proposé » (Béal, Frommer et Lestocart 2003 : 11).

L'autre aspect important que nous voyons apparaître, en filigrane, avec le « langage commun », est la réduction de la problématique des interactions langagières à l'utilisation des « mots les plus simples » qui, certes, « ne mettent pas en valeur la richesse de votre vocabulaire ni votre érudition, mais [qui] vous donnent l'assurance d'être compris du plus grand nombre » (Sananès 2011 : 133). Nous constatons donc que le souci de la communication d'entreprise, telle qu'elle apparaît dans les manuels étudiés, est de viser toujours plus d'efficacité et donc de rentabilité, par la réduction à une vision simple, voire simpliste, des rapports sociaux. Cet esprit correspond bien à celui du management initié au début des années 1980, pour qui la forme précède toujours le fond[5], où l'essentiel est toujours d'être compris. Cela démontre la concentration de la communication d'entreprise sur le message qu'elle veut faire passer, sur l'image que l'entreprise veut donner d'elle-même en interne ou à l'extérieur car, comme Pierre Guilbert (2007 : 55) l'affirme dans son manuel « l'important n'est pas ce qui est dit ; l'important est ce qui est compris », et le message doit passer, quoi qu'il arrive.

Pour conclure, la communication devrait ainsi opérer un travail sur les salariés pour qu'ils soient accessibles au (top-)management et qu'ils travaillent de manière efficace selon ses recommandations et la ligne qu'il a tracée. Le but est de rendre le salariat « communicant », mais selon des règles spécifiques imposées par le haut, ce qui nous permet de douter de

---

5. « *Les entreprises qui sont tournées vers le personnel possèdent des langages qui se ressemblent. Sous bien des aspects, la forme précède le fond* » (Peters et Waterman 1982 : 261).

l'horizontalisation effective de la communication telle qu'elle est promue à travers le « langage commun », le caractère descendant demeurant au centre de cette vision de la communication. Ainsi, l'organisation de l'entreprise reste scindée, d'une certaine manière, entre décideurs et exécutants, comme ce fut le cas dans le cadre du taylorisme, ce que Danièle Linhart (2015) a montré, par ailleurs, dans sa comparaison entre le management contemporain et *The Principles of Scientific Management* de Frederick W. Taylor ([1911] 2003). Mais le « langage commun » a pour spécificité d'être également une entreprise de persuasion, dans le sens où elle implique d'agir toujours plus profondément sur la subjectivité des acteurs (Mariscal 2015).

Références bibliographiques :

Albert M. (1982), *Le pari français: le nouveau plein-emploi*, Paris, Seuil.

— (1983), *Un pari pour l'Europe: vers le redressement de l'économie européenne dans les années 80*, Paris, Seuil.

Archier G. (1981), *Le soleil se lève à l'ouest*, Paris, Sofedir.

Aubert N. et de Gaulejac V. (1991), *Le coût de l'excellence*, Paris, Seuil.

Béal J.-P., Frommer Fr. et Lestocart P.-A. (2003), *Entre management et marketing: la communication interne*, Paris, Démos.

Benasayag M. & del Rey A. (2007), *Éloge du conflit*, Paris, La Découverte.

Boltanski L. & Chiapello È. (1999), *Le nouvel esprit du capitalisme*, Paris, Gallimard.

Bourdieu P. (1977), « Sur le pouvoir symbolique », *Annales. Économie, Sociétés, Civilisations* 32, p. 405-411.

— (2001), *Langage et pouvoir symbolique*, Paris, Seuil.

Boutet J. (2008), *La vie verbale au travail. Des manufactures aux centres d'appels*, Toulouse, Octarès.

Breton P. (1992), *L'utopie de la communication: le mythe du « village planétaire »*, Paris, La Découverte.

Castells M. (1999), *L'ère de l'information, tome 1: la société en réseaux*, Paris, Fayard.

Cayatte R. (2008), *Communiquer et convaincre dans un projet*, Paris, Eyrolles.

Clot Y. (2008), *Le travail sans l'homme? Pour une psychologie des milieux de travail et de vie*, Paris, La Découverte.

Coutrot T. (1998), *L'entreprise néo-libérale, nouvelle utopie capitaliste*, Paris, La Découverte.

Cusset F. (2008), *La décennie. Le grand cauchemar des années 1980*, Paris, La Découverte.

D'Almeida N. & Libaert T. (2010), *La communication interne des entreprises*, Paris, Dunod.

Décaudin J.-M., Igalens J. & Waller S. (2006), *La communication interne: stratégies et techniques*, Paris, Dunod.

Détrie P. & Meslin-Broyez C. (2001), *La communication interne au service du management*, Paris, Liaisons.

Donjean C. (2007), *La communication interne*, Liège, Edipro.

Filliettaz L. (2007), « Interactions professionnelles et rythme de l'action. Contribution à une approche praxéologique du temps », dans Chabrol C. et Olry-Louis I. (éd.), *Interactions communicatives et psychologie*, Paris, Presses de la Sorbonne Nouvelle, p. 179-192.

Floris B. (1996), *La communication managériale: la modernisation symbolique des entreprises*, Grenoble, Presses Universitaires de Grenoble.

Foucault M. (1966), *Les mots et les choses*, Paris, Gallimard.

Gardin B. (2005), *Paroles d'ouvrières et d'ouvriers*, Limoges, Lambert-Lucas.

Goody J. (1979), *La raison graphique. La domestication de la pensée sauvage*, Paris, Éditions de Minuit.

Guilbert P. (2007), *Le B.A.-BA de la communication à l'usage de toute personne qui souhaite séduire, informer, convaincre: de Gutenberg à l'Homo Connectus*, Liège, Edipro.

Jakobson R. (1963), *Essais de linguistique générale, tome 1*, Paris, Les éditions de Minuit.

Kerbrat-Orechioni C. (1992), *Les interactions verbales, tome 2*, Paris, Armand Colin.

Lafrance A.-A. & Lambotte F. (2008), *Arrêtez de communiquer, vous en faites trop! Pour un développement durable des réseaux de communication dans l'entreprise*, Montréal, Éditions Nouvelles.

Le Goff J. (1989), *Du silence à la parole: droit du travail, société, État (1830-1989)*, Quimper, Calligrammes.

Linhart D. (2015), *La comédie humaine du travail: de la déshumanisation taylorienne à la sur-humanisation managériale*, Toulouse, Érès.

Lordon F. (2010), *Capitalisme, désir et servitude*, Paris, La Fabrique.

— (2015), *Imperium: théorie des ensembles souverains*, Paris, La Fabrique.

Mariscal V. (2015), *« Soyez sans crainte ». Normalisation langagière et comportementale au travail en contexte capitaliste néolibéral: une analyse critique de manuels de management et de communication d'entreprise*, Université catholique de Louvain, Louvain-la-Neuve.

— (2016). « Entreprise du 3e type et "dé-passionnalisation" de la vie organisationnelle: quand le désaccord se dissout dans une culture du consensus », dans Wagener A., Ravat J. et Nicolas L. (éd.), *La valeur du désaccord*, Paris, CNRS éditions.

Mattelart A. (2011), *L'invention de la communication*, Paris, La Découverte.

Maury R. (1986), *Marianne à l'école japonaise: la réussite du Japon au service des Français*, Paris, Plon.

— (1990), *Les patrons japonais parlent*, Paris, Seuil.

Morel P. (2009), *La communication d'entreprise*, Paris, Vuibert.

Nahon S. et Taskin L. (2009), *e-GRH: Enjeux et perspectives: informer, collaborer et impliquer*, Liège, Edipro.

Orwell G. ([1949] 1972), *1984*, Paris, Gallimard.

Peters T. et Waterman R. H. (1983), *Le prix de l'excellence. Les secrets des meilleures entreprises*, Paris, InterÉditions.

Salmon C. (2008), *Storytelling: la machine à fabriquer des histoires et à formater les esprits*, Paris, La Découverte.

Sananès B. (2011), *La communication efficace: acquérir maîtrise et confiance en soi dans ses rapports avec les autres*, Paris, Dunod.

Saussure F. de (1916), *Cours de linguistique générale*, Paris, Payot.

Sérieyx H. (1982), *Mobiliser l'intelligence de l'entreprise. Cercles de qualité et Cercles de pilotage*, Paris, EME.

Shannon C. et Weaver, W. ([1949] 1972), *The Mathematical Theory of Communication*, Urbana, Chicago, London, University of Illinois Press.

Taylor F. W. ([1911] 2003), *The Principles of Scientific Management*, New York, Dover Publications Inc.

Vergely P. (2008), « L'expression du dysfonctionnement technique dans les interactions orales de travail », *Langage et Société* 125, p. 35-54.

Wiener N. (1948), *Cybernetics or Control and communication in the animal and the machine*, Paris, Hermann.

Winkin Y. (2001), *Anthropologie de la communication : de la théorie au terrain*, Paris, Seuil.

Article reçu en novembre 2015. Révision acceptée en mars 2016.

Négocier la distance institutionnelle
Discrimination positive et interactions dans une salle de classe

Germán Fernández Vavrik
CEMS/IMM
german.fernandez@ehess.fr

Introduction

Si la bibliographie sur la discrimination positive est abondante en langue anglaise, française et castillane, la plupart des travaux se limitent à l'étude des normes du champ des politiques publiques ou à l'analyse de la parole des acteurs impliqués. Je propose une perspective différente, en ayant recours notamment aux contributions de la linguistique et de la sociologie d'inspiration praxéologique. Il s'agira d'analyser en détail des phénomènes interactionnels qui résultent du type de rapport que la discrimination positive impose. Ainsi, cet article tente une contribution à la fois aux études praxéologiques et aux études des politiques publiques.

La réflexion s'appuiera sur l'analyse d'enregistrements audiovisuels que j'ai faits dans une université argentine, dans le cadre de ma recherche doctorale. Il s'agit d'interactions dans une salle de classe, de boursiers et d'enseignants appartenant à un programme de discrimination positive à l'Université de Cuyo, le PBCHEA[1].

---

1. Sigles de « *Programa de becas para comunidades huarpes y escuelas albergue* ». La recherche de master et de doctorat sur ce programme, entre 2006 et 2014, a impliqué également l'analyse catégorielle de documents du programme, des entretiens avec les acteurs et de l'observation participante des activités institutionnelles du programme.

Les principales propriétés du programme et les extraits à analyser seront présentés d'abord. Comment comprendre la fluctuation constante dans la salle, a-problématique pour les acteurs, entre un traitement amical, parfois familial, et une mise à distance institutionnelle imposée par les enseignants ? Les études linguistiques sur les indices de contextualisation et sur l'alternance codique en fourniront les premières pistes. La discussion autour de ces contributions m'amènera à proposer un ensemble de concepts d'inspiration praxéologique pour étudier des espaces institutionnels où un traitement préférentiel est mis en place par les politiques publiques.

1. La discrimination positive et la sollicitude à l'université
1.1. Le « traitement préférentiel »

La formule « discrimination positive » – nommée parfois « action affirmative » ou « action positive » – désigne des politiques qui donnent un *traitement préférentiel* aux membres de certains groupes ou catégories sociales qui sont l'objet de discriminations (Sabbagh, 2006). « Traitement préférentiel » signifie que, par rapport à deux candidats ayant une qualification similaire, le membre d'un secteur ciblé possède *a priori* plus de chances d'être sélectionné ou admis. Ces procédures ciblent notamment l'accès au marché de travail, à l'enseignement supérieur et à la fonction publique[2]. Comme il s'agit de mettre en place des exceptions à la procédure de recrutement ordinaire, les promoteurs des mesures compensatoires doivent prouver que ces groupes ou catégories ont été victimes de discrimination. Des opérations de catégorisations et de classification sont mises en place et justifiées par les acteurs afin d'identifier les secteurs qui recevront un traitement préférentiel[3].

En Amérique latine, les premières mesures de discrimination positive ont été appliquées dans les années 1990. Cela a été une conséquence de la mobilisation des Amérindiens et des Afro-descendants, mais aussi de l'imposition des agences transnationales (Fernández Vavrik, 2015). Le programme argentin PBCHEA, de l'Université de Cuyo, résulte de ce processus de reconnaissance[4]. Mis en place en 2003 pour bénéficier

---

2. Si les premières mesures s'appuyaient sur l'imposition de quotas, la tendance des trente dernières années est d'utiliser d'autres ressources pour appliquer un traitement préférentiel (Sabbagh, 2006).
3. Dans le champ éducatif français, les Zones d'éducation prioritaire et les programmes dits d'« ouverture sociale » des grandes écoles sont les principales mesures de discrimination positive (van Zanten, 2010).
4. La réforme de 1994 a adapté la Constitution argentine au langage multiculturaliste, en promouvant une éducation sans discrimination avec une égalité des chances –

exclusivement aux candidats du peuple originaire huarpe, le programme s'est transformé en 2005. Il est devenu une mesure de discrimination positive adressée non seulement aux Amérindiens, mais aussi aux jeunes d'origine rurale habitant les régions les plus éloignées des centres urbains[5]. La compensation de leurs désavantages inclut, parmi les mesures réservées aux boursiers, un soutien financier d'une année, avant d'être admis comme étudiants, et un cours préuniversitaire dit « mise à niveau » – auquel appartiennent les extraits étudiés dans cet article. En plus, comme on le verra par la suite, les responsables du programme préconisent pour ces jeunes un soutien exceptionnel[6].

1.2. « Tenir et lâcher » : le soutien « socio-affectif »

Si la définition d'un problème public entraîne des conséquences sur l'urgence des politiques et sur leur mise en place dans des situations concrètes (Lipsky & Smith, 2011 [1989]), il est intéressant de prêter attention aux justifications du PBCHEA. Aucune autre université publique n'a jamais mis en place en Argentine des mesures de cette ampleur en dehors du modèle de la protection sociale universaliste[7]. Pour justifier ce traitement préférentiel, l'université a présenté un cadre selon lequel ces élèves d'origine rurale subissent une détresse plus grave que n'importe quel autre étudiant, quant aux problèmes économiques, à la scolarisation déficiente et au décalage culturel (Fernández Vavrik, 2014).

Ainsi, l'Université de Cuyo considère ces boursiers, d'origine rurale et d'appartenance ethnique, comme des étudiants spéciaux, un peu à part. En expliquant que ces jeunes viennent des milieux ruraux les plus isolés des centres urbains dans la province, caractérisés par la pénurie et le décalage culturel, les autorités préconisent un soutien « socio-affectif » (UNCuyo, 2004) pour eux :

> À l'université, les boursiers sont isolés, éloignés de leur entourage familial, affectif. Ils doivent surmonter plus de difficultés que n'importe quel étudiant,

---

   incise 19 de l'article 75. L'incise 17, par ailleurs, prescrit la garantie du respect de l'« identité » et de la « pluralité » à l'égard des peuples originaires.
5. En 2012, le programme a changé de nom et son budget s'est rétréci. Néanmoins, le critère de sélection des bénéficiaires en fonction de l'origine territoriale reste en vigueur.
6. Pour une étude sur le rapport entre « discrimination positive » et « exception », voir Sabbagh (2011).
7. Récemment, d'autres universités publiques argentines ont proposé des mesures de discrimination positive adressées à des Amérindiens, mais aucun de ces programmes ne présente l'ampleur ni la stabilité du PBCHEA de l'UNCuyo (Fernández Vavrik, 2015).

même ceux qui viennent eux aussi de loin. Au niveau affectif, émotionnel, je les ressens plus « candides » [*blandos*] [autorité universitaire 1, entretien réalisé en 2011].

Le terme *blando*, que j'ai traduit comme « candide », veut dire dans le langage courant « pas solide », « pas assez cuit », « pas prêt ». Il renvoie à immaturité, fragilité et vulnérabilité. De qui faut-il protéger ces étudiants ? Des dangers de la ville, d'après certains parents et voisins des jeunes, de l'anonymat de l'université de masse, selon les responsables du programme :

> Bien loin de soutenir, l'université chasse. Parce que les démarches administratives sont compliquées, dépersonnalisées. Le régime des cours et la relation entre professeurs et étudiants sont franchement barbares au sens où ils ne tiennent aucun compte des liens affectifs [autorité universitaire 2, entretien réalisé en 2011].

Ces élèves ont été éduqués dans des internats ruraux (*escuelas albergue*), organisés par leurs autorités souvent comme des espaces d'accueil familial plutôt que d'excellence scolaire (Fernández Vavrik, 2013). Le traitement de l'université semble continuer le régime d'accueil familial de la scolarisation précédente. En les considérant comme des personnes plus vulnérables que les étudiants ordinaires, les responsables du programme affirment que le programme *ne doit pas* se borner à la compensation des manques scolaires. Les enseignants et les responsables doivent faire preuve d'un souci affectueux au jour le jour. Cette attitude de sollicitude est mise en évidence lorsqu'ils décrivent le cours préparatoire d'une année, lequel « n'est pas qu'académique […] Il inclut des activités de soutien/sollicitude [*contención*[8]], de loisir, de divertissement, d'intégration à l'Université », selon l'autorité 1. Cela implique de maîtriser une tension entre « tenir et lâcher » les boursiers : « L'équipe tout entière [des responsables et des professeurs du programme], on est là pour orienter en permanence les boursiers. Mais nous devons veiller à les tenir [*tomarlos*] tout en leur lâchant la bride aussitôt [*soltarlos*] ».

1.3. La vie quotidienne du programme : les déplacements et l'intimité

Comment l'exigence de sollicitude de ce programme de discrimination positive argentin est-elle accomplie au jour le jour ? La mise en place de la sollicitude m'est apparue grâce au visionnage de trente heures d'enregistrements audiovisuels du cours préuniversitaire du programme, en 2009[9].

---

8. Le sens de « contención » dans le langage des politiques publiques en castillan s'appuie sur une image forte. Le terme fait allusion à l'acte d'embrasser et de soutenir quelqu'un en difficulté pour éviter qu'il ou elle ne tombe.
9. J'ai utilisé deux caméras de petite taille pendant cinq semaines, dans une salle de l'université.

Le lecteur en trouvera par la suite trois extraits clés quant aux phénomènes qui seront analysés : la relation entre les déplacements constants des acteurs et la création d'espaces « entre soi ». Je présente d'abord les scènes, l'analyse et la discussion étant développées dans les sections suivantes.

Extrait 1 : se diriger vers l'étudiante malheureuse

Dans le premier extrait, l'interaction a lieu entre l'enseignante du programme Silvina et l'étudiante 1, qui lui avait transmis en privé quelques minutes auparavant ses difficultés pour trouver le sommeil la nuit, et dont les problèmes personnels étaient connus de tous les enseignants du programme. Au début de la séquence, l'enseignante est devant la classe, debout, à côté de son bureau. Elle pose des questions à la cantonade sur le sujet du jour. Une plainte est alors perceptible, de la part de l'étudiante 1, assise à deux mètres : « ¡Ay, por Dios!» (Oh là là mon Dieu!).

Après avoir lancé un coup d'œil rapide à la jeune fille, la professeure Silvina continue son activité : elle pose à la classe une autre question. Ensuite, elle s'adresse à voix haute à l'étudiante 1, avec le même ton impersonnel : « Tu as froid ? »[10]. L'étudiante répond avec une intensité audible pour quiconque : « Non, plutôt de la flemme ». L'enseignante commente ces propos à voix haute, « De la flemme... oui, aujourd'hui, c'est un jour à se sentir un peu... » (elle ne poursuit pas la phrase). Après un autre tour de parole à la cantonade, la professeure va s'asseoir à son bureau. Elle change ainsi de position, en se rapprochant spatialement de la jeune fille. En la regardant d'une manière franche, avec un registre intime, Silvina s'adresse à l'étudiante, à voix basse : « Tu dois dormir plus. Aujourd'hui, dors (...) Tu restes chez toi ? ». Ces propos ne sont pas perceptibles pour les autres participants. L'étudiant sourit dix secondes après, l'air réconforté.

Extrait 2 : s'arrêter devant une boursière malade

Le professeur Pedro interpelle un à un plusieurs étudiants. Il leur demande d'une manière directe s'ils comprennent l'exercice écrit au tableau. Il est debout au milieu de la salle, près de ceux et celles qu'il interpelle. La scène n'est pas dépourvue d'une certaine tension : avouer en public son ignorance constitue un danger pour la face des étudiants.

---

10. Pour simplifier la lecture, j'utiliserai exclusivement la transcription traduite, sauf dans certains passages qui méritent l'inclusion de l'expression castillane.

La scène change de ton à partir du dialogue avec l'étudiante Lorena, perceptible par tout le monde dans la salle[11].

1	Professeur:	Vous avez tous compris?
2		María?
3	María:	Oui.
4	P:	Ana?
5	((Ana acquiesce.))	
6	P:	Jazmín?
7		Lorena? ((sa voix change de timbre, elle devient plus aigüe et plus douce)) Ouh là là , t'est pas en forme toi! [¡Uy, estás pa' atrás vos!]. Tu as la grippe ou quelque chose comme ça?
8	((Le professeur s'assoit à côté de Lorena qui continue à copier l'exercice.))	
9	Lorena:	J'ai un gros rhume.
10	P:	Ça se voit xxxx cernes xxxx va dormir.
11	Lorena:	En plus hier soir j'avais de la fièvre.
12	P:	Pourquoi es-tu venue? ((voix douce)).
13	Lorena:	Parce que…

L'enseignant lui conseille de se reposer, même au prix de manquer les cours. Cette concession a une valeur spéciale chez ce professeur, qui se plaint d'habitude des absences des étudiants en cours.

Par ailleurs, au lieu de dire, en castillan, « para atrás » (tournure informelle qui signifie « pas bien ») ou simplement « mal », il utilise une expression non standard, « pa' atrás », avec la proposition « para » apocopée. Cette expression, du langage populaire et rural argentin, est détournée par rapport à la grammaire standard ; elle n'est pas reconnue par la *Real Academia Española*. C'est la seule fois où j'ai entendu dire « pa' » au lieu de « para » en cours. Il est possible de supposer que son emploi est un geste affectueux: avec les amis, on parle comme à la maison ou comme dans le quartier.

Extrait 3 : s'éloigner pour envoyer un texto à l'autorité

L'extrait suivant offre deux moments particulièrement intéressants. D'abord, la professeure Analía participe à une conversation privée avec deux étudiantes au fond de la classe. Elles négocient la date de rattrapage d'un cours, pour lequel, selon leurs dires, elles nécessitent le consentement

---

[11]. Voici la convention de transcription utilisée pour les trois extraits: /↑/ intonation montante; /&/ continuation du tour de parole par le même locuteur; /-/ troncation; (()) indication prosodique ou non verbale; /[/ chevauchement; /xxxx/ syllabes inintelligibles pour moi.

d'Inés, une autorité du programme. Au début de la conversation, les trois sont seules dans la salle – c'est la pause. Les étudiantes parlent d'Inés avec un agacement évident. Quelques minutes plus tard, une troisième étudiante entre et reste à son banc, près du bureau, devant, et n'y participe pas. L'échange avec les autres deux étudiants, au fond de la salle, s'évanouit :

1	Étudiante 1 :	C'est quand la prochaine séance?
2	Professeure :	Ce lundi, nous avons un partiel de x.
3	E2 :	Mais et pour rattraper↑-
4	P :	[Oui xxxx il n'y a pas cours&
5	E2 :	[xxxx
6		((La professeure se retourne vers son bureau.))
7	P :	((En marchant jusqu'à son bureau)) &cette semaine si((aigu)) ah vous m'y faites penser!↑ ((Voix claire et forte)) Je vais lui envoyer un texto&
8		&parce qu'elle m'a dit qu'elle allait organiser le planning pour que nous puissions avoir un cours de plus ((en s'asseyant)) cette semaine.

En finissant l'échange avec les deux étudiants, l'enseignante Analía retourne au bureau. Sur son trajet, elle dit à voix haute s'être souvenue d'envoyer un message texto à Inés pour la renseigner sur un changement d'horaire de son cours – lignes 7 et 8.

Dès que l'enseignante s'installe à son bureau, la troisième étudiante, qui était restée silencieuse dans la séquence, prend la parole, pour lui raconter des anecdotes sur sa famille. Pendant trente secondes, Analía semble suivre les propos de son interlocutrice, en réagissant avec des gestes minimaux, sans donner de signes de fort engagement. En même temps, elle manipule son téléphone. Au bout de quelques minutes, Analía s'excuse : elle demande poliment à son interlocutrice de se taire afin d'envoyer le texto annoncé, à l'autorité. L'enseignante se consacre exclusivement à la manipulation du portable.

1.4. Les pistes qu'ouvre l'analyse

Ce type d'interactions est fréquent dans le cours préuniversitaire du programme de discrimination positive à Mendoza : les enseignants prennent l'initiative d'aller se rapprocher spatialement des étudiants, au lieu d'attendre que ceux-ci le fassent. Ce rapprochement incite fréquemment un dialogue aux accents intimes, souvent affectueux et amicaux, sur des sujets non forcément scolaires. Ils accomplissent ainsi des gestes de sollicitude et de complicité. Ainsi, les extraits montrent que les déplacements spatiaux sont une ressource interactionnelle de production d'intimité ou de complicité.

Prêtons attention à la manière d'accomplir l'intérêt et la sollicitude dans les extraits. Dans chacun, il apparaît un tour de parole clé, reconnaissable prosodiquement. Ce tour de parole a des conséquences immédiates dans le flux de l'interaction, en changeant d'une manière reconnaissable le traitement mutuel que les participants se donnent :
– dans le premier exemple, c'est la plainte à *viva voce* de l'étudiante « Oh là là mon Dieu ! » ;
– dans le deuxième, il s'agit de l'expression d'étonnement de l'enseignant, « Ouh là là, t'est pas en forme toi ! », pendant qu'il se promène par le cours ;
– enfin, le déplacement vers le bureau en tournant le dos aux étudiantes et en disant « ah vous m'y faites penser ! ↑ ((Voix claire et forte)) Je vais lui envoyer un texto [à l'autorité] », sert également comme transition dans la situation.

Quel statut théorique donner à ces tours de parole clé et comment décrire la transition vers le nouveau stade dans la séquence ? Quel type de transformation établissent-ils dans la salle de classe ? Quel type de rapport social ces transitions rendent-elles pertinent ?

2. Les indices de contextualisation et l'alternance codique
2.1. Créer ou réduire la distance grâce à des indices de contextualisation

La sociolinguistique interactionnelle a largement montré que les indices de contextualisation verbaux et non verbaux jouent un rôle central pour la coordination de l'action et pour la coopération interculturelle. Suivant le sociolinguiste John Gumperz, apprendre une langue implique non seulement de s'approprier sa grammaire ou son lexique, mais aussi de se familiariser avec les conventions qui gouvernent l'intonation (Boutet, 2014), le rythme ou les gestes du groupe qui la parle. Ces indices permettent de maintenir ou de réduire la distance entre les participants et de créer des cadres d'interprétation appropriés à la situation :

> By careful examination of the signalling mechanisms that conversationalists react to, one can isolate cues and symbolic conventions through which distance is maintained or frames of interpretation are created (Gumperz, 1982 : 7).

La distance entre les participants peut être entretenue ou accrue en raison de malentendus en apparence anodins, associés à des différences de conventions entre des personnes d'appartenance et origines différentes – qui parlent parfois la même langue. Les conventions qui peuvent différer concernent la hauteur (ton, tonalité), l'intensité et la durée (allongement ou dévoisement d'une syllabe, par exemple) des sons de la langue, ainsi que les gestes ou la manière de se tenir en communiquant.

Par ailleurs, dans la situation d'énonciation, les indices de contextualisation acquièrent du sens grâce à des processus inférentiels situés (Gumperz, 1982). Ces indices permettent aux participants de connecter l'information qui apparaît au premier plan avec ce qui demeure à l'arrière-plan (Levinson, 2003). Au premier plan, dans un échange, apparaissent souvent la dimension lexico-grammaticale – dont le choix de langue et de registre –, un certain contenu propositionnel ou une idée que le locuteur considère comme importante. À l'arrière-plan d'un acte de communication restent souvent la prosodie – l'accent, la tonalité, le rythme, etc. –, les gestes et les déplacements dans la scène, ainsi que les attentes normatives – « vues, mais non remarqués », selon la formulation de Garfinkel (1967).

Si l'on suit la proposition de Levinson jusqu'au bout, on se sent enclin à analyser l'emploi des indices de contextualisation au-delà de la communication. Les métaphores du premier et de l'arrière-plan, homologues à celles de la figure et du fond, renvoient à l'organisation de l'expérience et de l'action concertée plutôt qu'à la circulation de signes[12]. Autrement dit, au lieu de considérer ces indices seulement comme des outils de la communication, il est pertinent de les considérer comme des ressources pour accomplir la distance dans l'organisation de l'expérience ordinaire.

2.2. Le code-switching

La notion d'« indice de contextualisation » est considérée comme solidaire d'un autre concept, cher à la sociolinguistique variationniste, celui de « répertoire linguistique ». Dans une situation, les locuteurs sélectionnent une variante ou un code linguistique parmi une liste finie de variantes disponibles, les principes de choix étant tant linguistiques que sociaux (Gumperz & Cook-Gumperz, 2006). Ainsi, les locuteurs se voient confrontés en toute occasion à la contrainte de sélectionner la variante appropriée, par exemple, ils doivent détecter rapidement – en fonction des propriétés de la situation et du statut des participants – s'il faut utiliser la langue dominante ou s'il faut avoir recours à un registre soutenu. Le passage d'une variante/code à l'autre, dans un échange, peut être considéré comme une « alternance codique ». Gumperz la définit comme une juxtaposition dans le même échange de passages de discours appartenant

---

12. Pour une étude de l'expérience à partir la relation figure-fond, voir, par exemple, Quéré (1989 : 77).

à deux systèmes ou sous-systèmes grammaticaux (Gumperz, 1982 : 59). Cette alternance devient parfois un indice de contextualisation et une ressource pour la communication.

En définissant et en discutant la notion d'alternance codique, Gumperz et d'autres (socio)linguistiques ont traité d'un phénomène sous-estimé jusqu'aux années 1970. Il s'agit du changement régulier, conventionnel et partiellement prévisible de variantes linguistiques dans une situation. À partir des années 1990, la notion de « code » et le rôle du chercheur dans l'identification de l'alternance ont été particulièrement problématisés. Ainsi, Auer (1998) soutient que le critère pour identifier un code ne doit pas être exogène, mais interne à l'interaction : ce sont les acteurs – et non pas le chercheur – qui rendent pertinent un code en s'orientant vers lui pour formater une séquence de tours de parole[13]. Le choix du code à été souvent étudié comme une ressource pour la négociation de l'appartenance et de la compétence (notamment, linguistique) appropriées dans la situation (Mondada, 2007)[14].

2.3. Une langue, plusieurs alternatives

Une particularité de mon terrain est que les acteurs parlent exclusivement castillan. Dans ce type d'environnements, les spécialistes analysent souvent les normes de changement de codes du répertoire linguistique, par-delà les langues. Ainsi, certains travaux ont bien montré la manière dont les variations subtiles de style permettent d'accomplir des distinctions de classe, de genre ou d'appartenance ethnoraciale (Barret, 1998). D'autres recherches ont mis en valeur les asymétries sociales concernant la maîtrise de la variante scolaire ou dominante, par opposition à la variante apprise à la maison par des locuteurs de classes populaires (Bernstein, 1964 ; Blom & Gumperz, 1972 ; Boutet, 2003).

Or les extraits présentés *supra*, concernant la gestion d'un traitement préférentiel, nous invitent à considérer un cadre normatif plus vaste que celui du répertoire linguistique de styles ou de variantes. Pour négocier la distance interactionnelle – nous rapprocher ou nous éloigner de l'interlocuteur à travers le discours –, nous n'avons pas besoin forcé-

---

13. Dans la même veine, Álvarez-Cáccamo (2000) considère comme alternance codique exclusivement les changements de variantes impliquant des conséquences interactionnelles.
14. Par ailleurs, l'emploi de « code-switching » par des chercheurs de courants divers s'est tellement élargi les quarante dernières années qu'il est parfois difficile de la distinguer d'autres phénomènes associés aux langues en contact – par exemple, de l'emprunt ou du mélange de codes (Eastman, 1992).

ment de « décodifier » ni de suivre un code linguistique. Pas plus qu'il ne faut toujours un répertoire fini – définissable *a priori* – de codes de conduite pour la situation.

Je propose une perspective praxéologique et écologique (Mondada, 2005 ; Streeck, 2009) de l'expérience, attentive à l'agencement de l'espace et des objets pour l'accomplissement d'activités institutionnelles, plutôt qu'une perspective simplement disciplinaire – linguistique ou sociologique, par exemple. Un univers plus vaste s'ouvre ainsi à la compréhension des chercheurs, des lecteurs et des acteurs.

3. Alternance interactionnelle et traitement préférentiel
3.1. Le point de départ : la situation scolaire

Je tenterai de montrer en quel sens les problèmes interactionnels présentés dans la première partie sont des problèmes institutionnels. Pour comprendre l'expérience des acteurs, il convient de commencer par leur engagement fondamental dans une situation, c'est-à-dire, dans l'environnement spatial total de la rencontre – chaque « membre » de la situation ayant le droit et l'obligation d'exercer un contrôle sur les autres membres (Goffman, 2013 : 18-19). En l'occurrence, les analyses portent sur l'engagement dans des situations scolaires[15].

Chaque classe du PBCHEA est une « occasion sociale » avec sa propre organisation, notamment avec ses rituels d'ouverture et de clôture. Une occasion sociale, soutient Goffman, possède un ethos distinctif et sa structure émotionnelle. Si tous les participants y ont l'obligation de se montrer engagés en fonction de leur responsabilité, les « degrés d'absorption » varient au cours de l'interaction.

Or pour interagir avec les autres membres, chacun doit prendre une certaine distance par rapport à l'ethos global de l'occasion. Une rencontre particulière dans la classe, disons les conversations analysées entre les enseignants et les étudiantes, doit trouver sa juste distance par rapport au contexte institutionnel. Sans jamais mettre en question son caractère scolaire, la rencontre doit avoir une identité partiellement indépendante des normes de la classe, « faute de quoi l'occasion sociale pourrait être accusée de ne pas fournir un cadre dans lequel les individus aient le loisir de s'assembler et de se prendre *spontanément* dans les *engagements* de face » (Goffman, 2013 : 147). Chaque rencontre doit assurer son propre monde, en fournissant les conditions pour que les membres puissent y

---

15. Le caractère « scolaire » de la situation est produit par l'orientation des participants, ce n'est pas le simple choix effectué par le chercheur de l'extérieur.

pénétrer de plus en plus. Dans ces « petits cercles » (Goffman, 2013 : 147) d'interaction focalisée, les participants se laissent emporter, le départ d'un cercle étant un problème que tout acteur doit gérer avec prudence, pour ne pas décevoir ses interlocuteurs.

3.2. Cercles interactionnels et postures dans le programme

Il a été indiqué que les déplacements et les gestes des enseignants comme forme de sollicitude configurent la vie quotidienne du programme de discrimination positive de l'Université de Cuyo. Les captures d'écran de l'extrait 1 – où l'étudiante exprime à voix haute « ¡Ay, por Dios!» — montrent graphiquement la séquence des déplacements de l'enseignante dans la salle de classe.

Captures d'écran de l'extrait 1 : un cercle fermé[16]

---

16. Les captures d'écran des enregistrements audiovisuels ont toutes été réalisées par l'auteur.

Dans la première image, l'enseignante Silvia – qui parle à la cantonade – lance un regard rapide vers l'étudiante 1 ayant exprimé la plainte, les deux personnes étant marquées avec un rectangle. En détournant son regard de la classe, Silvia montre à ce moment précis qu'elle accuse réception des propos de la jeune fille. On voit dans l'image suivante, trente secondes après, l'enseignante assise au bureau, franchement orientée corporellement vers son interlocutrice. Le geste d'aller s'asseoir au bureau a fonctionné comme un indice que la conversation avec la classe est interrompue. Dans la troisième image, l'étudiante 2 pose une question scolaire, en mettant fin à l'échange intime.

Je définis le *cercle interactionnel* comme un *espace dans la situation configuré par une activité*. En l'occurrence, l'enseignante Silvia et l'étudiante à gauche présentent un degré d'absorption maximal dans l'activité que l'on peut définir comme « donner des conseils » ou « soutenir une étudiante en difficulté ». La notion de cercle interactionnel nous rend sensibles au fait que chaque participant peut s'engager dans plusieurs activités simultanées[17] ; la topique qui me semble pertinente est celle des participants qui ouvrent et qui ferment des cercles superposés dans la même situation.

Les limites du cercle sont perceptibles pour les participants, ratifiés ou non, grâce à des indices de contextualisation – visuels et oraux, notamment[18]. Souvent, la fermeture des cercles est accomplie grâce à la gestion du regard et l'orientation corporelle, ainsi qu'à travers l'emploi de signes déictiques et des références à un *background* partagé.

Par ailleurs, j'appellerai *posture* la *manière de s'engager dans un cercle interactionnel*. Cela inclut la façon de parler, de se tenir, de regarder et de se déplacer en réalisant une activité[19]. Grâce à une « réflexivité mutuelle » (Goodwin, 2007), chaque participant prend en considération à chaque instant la structure du cercle émergent où il-elle est invité-e, la posture et les actes des autres « coparticipants » (ratifiés ou non) et les implications de ces actes et ces postures pour le développement de l'activité.

---

17. Cette idée de la simultanéité des engagements en situation est suggérée par Goffman (1987 : 165), qui parle de la capacité des membres à « sauter » à l'intérieur d'une situation, en faisant partie de cercles divers.
18. Bien que le toucher puisse également fonctionner comme ressource pour créer un cercle.
19. Mon concept de « posture » est proche de « footing », que Goffman définit comme « La posture, l'attitude, la disposition, le moi projeté des participants » (Goffman, 1987 : 137). Ma définition, néanmoins, s'éloigne de celle de Goffman en ceci que j'analyse la configuration de la posture dans ce que j'appelle « cercles d'interaction » et non dans des « formats de production » ni des « cadres de participation ».

Ainsi, ce premier extrait montre un travail de production de cercles à l'intérieur de la situation scolaire. Ils sont réalisés par le rapprochement spatial ainsi que par l'orientation du corps et des regards. Chaque cercle exige une posture fondamentale: l'empathie ou la sollicitude dans l'espace interactionnel avec l'étudiante malheureuse, l'attitude impersonnelle avec la deuxième étudiante. La posture de sollicitude est réalisée par les ressources non verbales citées, mais aussi par le ton doux et l'intensité faible de la voix. Ces ressources contribuent à configurer le cercle. Rétrospectivement, on comprend que l'expression « Oh là là mon Dieu! » a servi comme indice ou comme invitation pour la constitution du premier cercle. Le sourire de l'étudiante quelques secondes après témoigne de son implication dans l'échange.

Enfin, la gestion corporelle, spatiale et prosodique des participants fournit des indices du caractère fermé du cercle, montrant aux autres boursiers qu'ils sont exclus de l'échange. Mais la nature du second cercle de la scène, avec l'étudiante 2, qui interrompt l'échange intime, est différente. Le ton impersonnel et l'intensité de la voix, ainsi que le sujet de la conversation, permettent de comprendre que ce cercle est ouvert à la participation de quiconque dans la salle.

Passons à l'extrait suivant. Pedro accomplit un geste de sollicitude, affectueux et amical. Il n'aurait pas remarqué l'état de la jeune fille probablement sans une disposition et un regard soucieux et attentifs.

Captures d'écran de l'extrait 2: un cercle semi-ouvert

La séquence des images restitue le déplacement de l'enseignant qui marche entre les bancs et qui finit par s'asseoir à côté de l'étudiante malade. Si sa posture était impersonnelle et distante, au moment d'interroger les élèves, l'enseignant réalise un changement perceptible à partir de la deuxième image. C'est le moment où Pedro prend en considération l'état de santé de l'étudiante : « Ouh là là, t'est pas en forme toi ! ». Les dernières images mettent en évidence le cercle amical promu par lui, co-construit par son interlocutrice. Non seulement Pedro se déplace vers elle ; il se penche vers elle, la regarde dans les yeux et lui témoigne de l'empathie. Cette nouvelle posture est marquée par des indices verbaux (l'interjection « Ouh là là »), non verbaux (se déplacer, s'asseoir) et prosodiques (le timbre de voix plus aigu et plus doux).

Le rapprochement interactionnel n'implique pas ici un cercle fermé – comme c'était le cas dans l'exemple précédent. Dans le « cercle semi-ouvert », il y a un travail inachevé de fermeture. Par avance, la participation est ouverte à quiconque, les acteurs peuvent parler à voix haute et dans un espace d'accès public. Or certaines ressources transforment les autres personnes, peu à peu, en des participants non ratifiés[20].

3.3. Retourner au bureau et rétablir la distance interactionnelle

Le troisième extrait (voir captures d'écran page suivante) s'oppose aux autres quant au sens du déplacement. C'est un exemple de gestion, disons, « centrifuge » des relations dans la salle.

Après avoir participé à la discussion privée au fond de la salle avec deux étudiantes – qui étaient hors cadre de mes caméras —, la professeure Analía montre un désengagement graduel. D'abord, elle reste silencieuse, sans contribuer aux derniers échanges critiques à l'égard d'Inés, l'autorité du programme – image 1. Ensuite, elle se retourne – image 2 — et se dirige vers son bureau. La capture d'écran suivante rend compte du moment où elle exprime à voix haute son devoir d'envoyer un texto à Inés, justement. Pour fermer le cercle avec ses interlocutrices, l'enseignante change de posture en se justifiant : « Je vais lui envoyer un texto *parce qu*'elle m'a dit qu'elle… ».

Cette transition présente trois traits remarquables. D'abord, les propos sont audibles comme faisant partie de la même unité phonétique. Le tour de parole n'offre aucun « point pertinent à la transition » (*transition-relevance place*) (Sacks, Schegloff, & Jefferson, 1974), qui pourrait permettre

---

20. Il est possible de concevoir le processus inverse : les acteurs ouvrent peu à peu le cercle qui, au début, était fermé.

Captures d'écran de l'extrait 3 : ouvrir les cercles

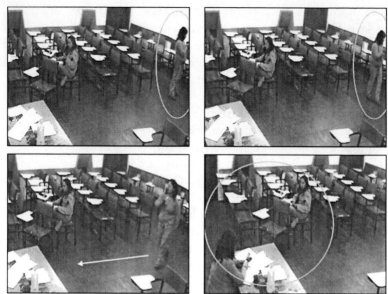

aux interlocutrices de rebondir (lignes 4-8 de la transcription). Comme aucun échange ne peut se produire à ce moment de transition, aucune négociation n'est envisageable.

Ensuite, l'acte d'aller vers le bureau afin d'envoyer un texto institutionnel est présenté par la professeure Analía comme une raison légitime pour fermer le dialogue privé. Cet acte s'enchaîne avec le geste d'aller s'asseoir devant, le bureau instaurant un axe qui organise la relation avec *tout le monde*, c'est-à-dire avec la classe comme un sujet collectif. L'étudiante 3 – qui exerçait une sorte d'« inattention civile » (Goffman, 2013) à l'égard de l'échange au fond de la salle — interprète ce rapprochement spatial comme une opportunité pour interagir avec Analía. Mais, contrairement aux extraits précédents, l'enseignante présente un degré d'absorption faible dans ce second cercle interactionnel. Elle semble mal à l'aise, sa posture ne se définit pas clairement. Dans la dernière image, la professeure rend explicite son intérêt : taper tout de suite le texto pour Inés. Enfin, l'acte de commenter son activité sert à justifier auprès des autres membres son indisponibilité pendant quelques minutes.

Les acteurs institutionnels qui prennent l'initiative de se rapprocher d'une personne en détresse ou d'un assisté exercent une « éthique interactionnelle incarnée » : il faut savoir se rapprocher sans s'imposer, quitter les lieux sans donner l'impression de négligence ou de manque d'intérêt

(Cefaï, 2014). Dans cet extrait, il s'agit de sortir du cercle fermé de complicité amicale, au fond de la salle. Pour cela, l'enseignante fait valoir une exigence institutionnelle que personne d'autre ne peut honorer : envoyer un texto à l'autorité.

C'est la fin des cercles interactionnels fermés ou semi-ouverts, c'est le moment des interactions ouvertes et de la posture impersonnelle et distanciée. La manipulation du téléphone portable, dans ce nouveau cercle interactionnel ouvert, sert à rétablir la distance institutionnelle en rappelant la hiérarchie bureaucratique à l'intérieur de la salle.

Le dernier extrait renvoie à un problème clé pour les acteurs impliqués dans des politiques de discrimination positive, celui de marquer les limites du traitement préférentiel. Dans les interactions, il faut savoir comment revenir à une posture impersonnelle, sans que le rapport ni la face des participants ne soient en danger. Comment comprendre cette pratique routinière des acteurs du PBCHEA, de négocier constamment, à chaque instant, une posture qui ne remette en cause ni la situation scolaire ni le traitement préférentiel ? J'ai laissé pour la fin un aspect central de ces extraits du programme, la différence entre « changement » et « alternance ». C'est la clé permettant de connecter la dimension interactionnelle et institutionnelle des phénomènes observés.

3.4. Analyser les alternances pour étudier la discrimination positive

Dans son texte sur le *footing*, Goffman (1987) introduit quelques exemples correspondant à ce que Gumperz nomme « indice de contextualisation »[21]. À la fin du chapitre, il réalise une distinction significative :

> Je n'ai parlé jusqu'à présent que des *changements* de position [*footing*] comme si les individus ne faisaient que passer de l'une à l'autre. Mais c'est un tableau simpliste […] Il est fréquent en effet que nos changements de voix […] consistent moins à mettre un terme à telle ou telle position antérieure qu'à la *suspendre*, étant entendu que nous la *reprendrons* presque aussitôt (Goffman, 1987 : 164-165, mes italiques).

Les termes « suspension » et « reprise » sont clairement distingués de « changement ». Or l'auteur ne semble pas tirer les conséquences de cette distinction. La formulation de Goffman met en lumière, à mon avis, un problème qu'il n'a pas assez traité. La notion d'« indice de contextualisation »,

---

21. Citant les travaux de Gumperz, Goffman parle d'« alternance codique » et de « comportement qui ressemble à une alternance codique ». Cependant, les exemples qu'il traite, se basant sur l'orientation corporelle et le ton de la voix des participants, correspondent plutôt à la notion d'« indice de contextualisation ».

qui inspire sa réflexion, ne semble pas suffisante pour distinguer la routine de l'exception dans le changement. Si tout changement de code possède un surplus de sens, comme le dit Wald (1997), changer n'est pas la même chose qu'alterner. Dans la salle du PBCHEA, les acteurs ne se montrent jamais surpris ni déçus du basculement dans la manière de se traiter les uns les autres. La règle, c'est les « allers-retours » des postures. Tout le monde sait très bien que l'on peut revenir à une posture amicale à tout moment, sans cérémonies ni justifications particulières.

L'analyse des méthodes pour ouvrir et fermer des cercles interactionnels, et pour sauter d'un cercle à l'autre, a mis en évidence une propriété essentielle du programme. Cet environnement, organisé par les principes de la discrimination positive, se caractérise par une alternance stable, routinière et négociée de la distance institutionnelle. Pour en rendre compte, il nous faut alors un concept homologue à l'« alternance codique », adapté à notre étude de l'expérience.

À ce stade de l'enquête, je propose une notion permettant de décrire ce type de fluctuations dans un contexte institutionnel. Il s'agit du concept d'« alternance interactionnelle », que je définis comme la *négociation de la distance institutionnelle à travers l'ouverture et la clôture de cercles d'interaction*. Cette négociation – comme l'alternance codique des linguistes – est organisée tour à tour par des indices de contextualisation servant à la coordination de l'action. Les indices permettent aux acteurs – et aux chercheurs, d'ailleurs – de comprendre qu'une alternance est en train de s'opérer quant à la manière d'investir l'espace institutionnel.

Dans le corpus de ma recherche, les rapprochements interactionnels n'impliquent pas qu'un rapprochement spatial. En tant que « comportement d'immédiateté » (Mehrabian, 1971), ils peuvent être accomplis de façons diverses avec un autre participant : en l'observant de plus en plus attentivement ; en orientant son corps vers lui/elle ; en lui adressant des questions ; en soulevant la main vers lui ou, franchement, en le touchant. Au contraire, l'éloignement s'exprime, par exemple, par les silences de plus en plus longs, par le geste de se pencher en arrière ou par le fait d'éviter de regarder dans les yeux l'interlocuteur. Les comportements d'immédiateté témoignent de l'intérêt que les participants s'accordent mutuellement.

Il est important de souligner que les enseignant-e-s sont impliqués dans tous les cercles étudiés ici. La distance institutionnelle n'est pas réalisée à travers des formes de « communication subordonnée »[22] (Goffman, 1987), qui

---

22. La communication subordonnée, selon Goffman, peut être dissimulée (collusion et insinuation) ou ouverte (aparté, cantonade et cœur). Pour une étude de l'aparté,

puissent signifier une concurrence avec son rôle central[23]. La négociation sur l'ouverture des cercles interactionnels, ainsi que la posture appropriée, concerne l'activité institutionnelle principale de la situation scolaire. Dans les cas étudiés, la négociation de la distance interactionnelle est, avant tout, une négociation des obligations et des droits associés à la catégorie de participant à un environnement institutionnel commun, organisé par le principe du traitement préférentiel.

Ainsi, grâce aux analyses interactionnelles et à la discussion de la bibliographie, il est possible de comprendre les trois extraits comme des mouvements dans un jeu perpétuel de négociation de la distance interactionnelle. Chaque acte du programme appelle les acteurs à une analyse de cadre permettant de le considérer comme un mouvement dans le jeu du rapprochement interactionnel ou du retour à la normale.

Cette routine correspond à la tension institutionnelle citée avant : « tenir et lâcher », comme principe du traitement préférentiel à Mendoza. Les acteurs sont contraints de négocier les limites du traitement préférentiel, conçu en l'occurrence comme une posture de sollicitude attentionnée et personnalisée. Ainsi, l'analyse des cercles rend compte de la négociation de la distance institutionnelle, en tant que propriété foncière de la vie du programme. « Tenir », renvoie au rapprochement interactionnel de sollicitude, d'exception, « lâcher » étant le retour à un cadre institutionnel impersonnel et ordinaire à l'université de masse.

Conclusion

Si la discrimination positive se base sur le principe du traitement préférentiel, assuré aux membres de catégories ou des groupes discriminés, la forme concrète de ces mesures à l'Université de Cuyo consiste en un traitement affectueux et amical, hors du commun. En m'appuyant sur les contributions de la linguistique et de la sociologie d'inspiration praxéologique, j'ai proposé les notions de « cercle interactionnel » – ouvert et fermé –, de « posture » et d'« alternance interactionnelle ». J'ai tenté de montrer avec ces concepts comment les acteurs négocient la distance dans des activités quotidiennes afin que la situation scolaire soit respectée, malgré les exceptions que le traitement préférentiel implique.

---

comme ressource d'évaluation qu'utilisent les participants de la parole du locuteur principal, voir Goodwin (1997).
23. Pour une analyse de canaux de communication simultanés dans une salle de classe, voir, par exemple, Sirota (1988) et Mondada (2003).

Étant donné que les interactions sont des accomplissements ou des réalisations institutionnelles, analyser la situation est une manière d'étudier les institutions par le bas. En l'occurrence, l'analyse interactionnelle de la production de cercles de sollicitude en Argentine se veut une contribution à l'étude de l'accomplissement quotidien du traitement préférentiel des politiques de discrimination positive dans n'importe quel contexte national.

Bibliographie

Álvarez Cáccamo, C. (2000). « Para um modelo do "code-switching" e a alternância de variedades como fenómenos distintos, dados do discurso galego-português-espanhol na Galiza ». *Estudios de Sociolingüística, 1* (1), p. 111-128.

Auer, P. (1998). « From Code-switching via Language Mixing to Fused Lects: Toward a Dynamic Typology of Bilingual Speech ». *International Journal of Bilingualism, 3* (4), p. 309-332.

Barret, R. (1998). « Markedness and Styleswitching in Performances by African American Drag Queens ». In Myers-Scotton, C. (ed.) *Codes and Consequences: Choosing Linguistic Varieties* (p. 139-161). New York, Oxford: Oxford University Press.

Bernstein, B. (1964). « Elaborated and Restricted Codes: Their Social Origins and Some Consequences ». *American Anthropologist, 66* (6), p. 55-69.

Blom, J. P., & J. Gumperz. (1972). « Social meaning in linguistic structures: code-switching in Norway ». In Hymes, D. H. & J. J. Gumperz (eds.), *Directions in sociolinguistics: the ethnography of communication* (p. 407-434). New York: Holt, Rinehart and Winston.

Boutet, J. (2003). « De l'inégalité dans l'accès au français scolaire ». *Le français aujourd'hui* (2), p. 12-20.

— (2014). « L'interprétation des faits phonétiques: dialogue posthume entre John J. Gumperz et Yvan Fonagy ». *Langage et société, 4* (150), p. 71-84.

Cefaï, D. (2014). « Outreach work in Paris. A moral ethnography of social work and nursing with homeless people ». *Human Studies, 37* (4 - special issue on "Sociology of valuation").

Eastman, C. M. (ed.). (1992). *Codeswitching*. Clevedon : Multilingual Matters.

Fernández Vavrik, G. (2013). « Un trato excepcional. Acción afirmativa cotidiana en la Universidad Nacional de Cuyo ». *Revista de Política Educativa* (4), p. 75-110.

— (2014). *Comprendre l'exception. La discrimination positive à l'Université en Argentine*. Thèse à l'École des hautes études en sciences sociales, cotutelle avec l'Universidad de Buenos Aires, soutenue à Paris.

— (2015). « L'origine comme ressource. La discrimination positive à l'Université argentine ». *Critique internationale* (à paraître).

Garfinkel, H. (1967). *Studies in Ethnomethodology*. Englewood Cliffs, N. J. : Prentice-Hall.

Goffman, E. (1987). *Façons de parler*. Paris : Minuit.

— (2013). *Comment se conduire dans les lieux publics. Notes sur l'organisation sociale des rassemblements*. Paris : Economica.

Goodwin, C. (2007). « Interactive Footing ». In Holt, E. & R. Clift (eds.), *Reporting Talk : Reported Speech in Interaction* (p. 16-46). Oxford : Blackwell.

Goodwin, M. H. (1997). « Byplay : Negotiating Evaluation in Storytelling ». In Guy, G. R., *et al.* (eds.), *Towards a Social Science of Language : Papers in Honor of William Labov 2 : Social Interaction and Discourse Structures* (p. 77-102). Amsterdam/Philadelphia : John Benjamins.

Gumperz, J. (1982). *Discourse strategies* (Studies in interactional sociolinguistics). Cambridge Cambridgeshire ; New York : Cambridge University Press.

Gumperz, J. J., & J. Cook-Gumperz. (2006). « Interactional sociolinguistics in the study of schooling ». In Cook-Gumperz, J. (ed.) *The Social Construction of Literacy (2nd ed.)*. Cambridge : Cambridge University Press.

Levinson, S. C. (2003). « Contextualizing "contextualization cues" ». In Eerdmans, S. L., C. L. Prevignano & P. J. Thibault (eds.), *Language and Interaction. Discussions with John J. Gumperz*. Amsterdam / Philadelphia : John Benjamins.

Lipsky, M., & S. R. Smith. (2011 [1989]). « Traiter les problèmes sociaux comme des urgences ». *Tracés*, *1* (20), p. 125-149.

Mehrabian, A. (1971). *Silent Messages*. Belmont, CA: Wadsworth.

Mondada, L. (2003). « Observer les activités de la classe dans leur diversité : choix méthodologiques et enjeux théoriques ». In Perera, J., L. Nussbaum & M. Milian (éds), *L'educatió lingüística en situacions multiculturals i multilingües*. Barcelona : ICE Universitat de Barcelona.

— (2005). « Espace, langage, interaction et cognition : une introduction ». *Intellectica, 2* (3), p. 7-23.

— (2007). « Le code-switching comme ressource pour l'organisation de la parole-en-interaction ». *Journal of Language Contact – THEMA 1*, p. 168-197.

Quéré, L. (1989). « "La vie sociale est une scène". Goffman revu et corrigé par Garfinkel ». In Joseph, I. (ed.) *Le parler frais d'Erving Goffman* (p. 47-82). Paris : Minuit.

Sabbagh, D. (2006). « Une convergence problématique ». *Politix, 1* (73), p. 211-229.

— (2011). « La discrimination positive : une "politique de l'exception" ? » *Tracés, 1* (20), p. 97-106.

Sacks, H., E. A. Schegloff, & G. Jefferson. (1974). « A Simplest Systematics for the Organization of Turn-Taking for Conversation ». *Language, 50* (4), p. 696-735.

Sirota, R. (1988). *L'école primaire au quotidien*. Paris : PUF.

Streeck, J. R. (2009). *Gesturecraft. The manufacture of meaning*. Amsterdam/Philadelphia : John Benjamins Publishing Company.

UNCuyo. (2004). Resolución n° 259/2004-C.S. *Universidad Nacional de Cuyo, Argentina*.

van Zanten, A. (2010). « L'ouverture sociale des grandes écoles : diversification des élites ou renouveau des politiques publiques d'éducation ? » *Sociétés contemporaines* (79), p. 69-95.

Wald, P. (1997). « Choix de code ». In Moreau, M.-L. (ed.) *Sociolinguistique. Les concepts de base* (p. 71-76). Sprimont : Mardaga.

Article reçu en août 2014. Révision acceptée en septembre 2015.

Une socialisation langagière paradoxale à l'école maternelle

Fabienne Montmasson-Michel
Doctorante en sociologie au GRESCO EA 3815, Université de Poitiers
fabienne.montmasson@univ-poitiers.fr

Introduction[1]

Dans la deuxième partie du XXe siècle, l'école maternelle française s'est massifiée[2] et concomitamment, le langage est devenu son enjeu prioritaire. Cette convergence est fortement liée aux transformations qui ont affecté, dans le même temps, les autres échelons du système scolaire : avènement du collège unique, émergence de l'« échec scolaire » autour des questions de « maîtrise de la langue » (Isambert-Jamati, 1985 ; Chartier, 2007), nouvelle définition sociale de la lecture scolaire arrimée aux exigences du second degré comme lecture autonome de tout type de texte (Chartier, 2007 ; Renard, 2011 ; Kakpo, 2012). Dès les années soixante-dix, l'école maternelle a été désignée pour prévenir et compenser les inégalités se manifestant autour de la lecture scolaire. L'examen des instructions officielles qui se sont succédé de 1977 à 2008[3], montre ainsi que le langage a pris progressivement la part primordiale dans le curriculum formel de l'école

---

1. Ce texte est une version remaniée d'une communication au colloque *Sociologie et sciences du langage. Quel dialogue, quelles interactions ?*, 21 et 22 mai 2014, Dysola, Université de Rouen.
2. Depuis le milieu des années quatre-vingt-dix, l'école maternelle scolarise la quasi-totalité de la tranche d'âge des 3-6 ans et une part variable de celle des 2-3 ans (MEN, 2013, p. 83).
3. 1977, 1986, 1995, 2002, 2008.

maternelle (Garnier, 2009 ; Montmasson-Michel, 2011). L'affirmation de cette priorité constitue un consensus autour duquel un champ de promotion du langage à l'école maternelle s'établit.

Pourtant, la question du langage à l'école de la petite enfance n'a pas brusquement surgi à la suite de la première explosion scolaire. Dès le tournant du XIXe au XXe siècle, Pauline Kergomard, inspectrice générale des écoles maternelles, élabore un discours construit sur une pédagogie du langage (Kergomard, [1886-1895] 2009). Elle dresse un véritable réquisitoire contre le régime disciplinaire des salles d'asile, premières institutions de garde éducative de la petite enfance (Foucault, 1975 ; Dajez, 1994). Ce faisant, elle dessine les contours d'une nouvelle doctrine pédagogique pour cet âge de l'enfance (Luc, 1997). Elle y célèbre un enfant éduqué dans une petite collectivité, plus libre de ses mouvements, encouragé dans ses initiatives personnelles. Le contrôle sur l'activité enfantine repose sur un nouveau régime de la contrainte. Elle s'exerce indirectement : les corps et les esprits sont canalisés par la mise en activité, médiatisée au moyen de nouveaux matériels pédagogiques (petites tables, jeux, jouets, matériels graphiques, etc.) ; chaque enfant fait l'objet d'une observation continuelle, « psychologique » (Battegay, 1979). Constitué en sujet, l'enfant voit sa parole sollicitée et façonnée dans un dialogue prenant modèle sur la conversation entre une mère « intelligente et dévouée » et son enfant, « sans faire de leçons ». Dans leur retraduction sociologique – une mère instruite et disponible – ces traits définissent la mère des nouvelles couches bourgeoises dont la reproduction se fonde sur la transmission du capital culturel, auxquelles appartient l'inspectrice générale.

Cette pédagogie se déploiera dans la deuxième partie du XXe siècle, avec la baisse progressive des effectifs des classes, dans un contexte social reconfiguré par l'émergence des « nouvelles classes moyennes » (Bernstein, 2007/1975), dont font partie les enseignantes des écoles maternelles : métiers relationnels et intellectuels tels que paramédicaux, enseignants ou travailleurs sociaux. Leurs modes de socialisation, visant le développement de la personne et la reproduction du capital culturel, dessinent le nouveau modèle éducatif de l'école maternelle : un modèle « expressif », une « pédagogie invisible » où l'activité, l'expérience artistique, et le jeu, tiennent une place importante, alors que les apprentissages s'inscrivent dans le temps long (Chamboredon et Prevot, 1973 ; Bernstein, 2007/1975 ; Plaisance, 1986). Il suppose un nouveau rapport au langage : valorisant l'expression verbale et singulière de la personne (Bernstein, 1975, 2007/1975), privilégiant « les façons d'apprendre et de construire les problèmes » plutôt que « les savoirs constitués et les problèmes tout faits » (Bernstein, 2007/1975, p. 105-106), un langage du retour réflexif sur l'expérience (Chamboredon et Prevot, 1973, p. 325).

La mise au premier plan du langage à l'école maternelle relève donc de cet héritage composite. L'assignation de l'école maternelle à la prévention des inégalités langagières vise spécialement les enfants de milieux populaires. Mais c'est un enfant issu des milieux dotés en capital culturel qui définit l'élève présupposé.

Le langage est une pratique indissociablement sociale et cognitive (Vygotski, 1997; Voloshinov, 1977; Bernstein, 1975; Bruner, 1991; Elias, 1991). C'est le moyen par lequel les individus se mettent en lien pour échanger des significations à des fins de communication. Il s'acquiert socialement, par un processus qui est à la fois socialisation « au langage » et socialisation « par le langage » (Berger et Luckmann, 2010; Schieffelin et Ochs, 1986). Les recherches en sociologie du langage et sociolinguistique (Bernstein, 1975; Gumperz et Hymes, 1986; Labov, 1976), et tout le courant des « Language Socialization Studies » (Schieffelin et Ochs, 1986), montrent la diversité des langages selon les contextes sociaux dans lesquels ils se manifestent et celle des socialisations langagières selon les groupes sociaux dans lesquels elles se réalisent. Le modèle pédagogique émergeant suppose un langage verbal, entretenu dans une interaction dialogique étayante et affectueuse, dans laquelle le jeune enfant est d'emblée pris pour un être langagier compétent. Les « Language Socialization Studies » montrent que c'est une conception issue de la « white middle class » occidentale (Heath, 1983; Ochs et Schieffelin, 1984). L'ethnocentrisme de ces milieux, producteurs des agents des champs scientifique, académique, et scolaire, a conduit à le constituer comme référence universelle du développement langagier enfantin, et à imposer sa logique et ses présupposés dans les institutions scolaires et préscolaires.

Dans le cadre d'une thèse, ces constats nous amènent à interroger les conditions de socialisation langagière des jeunes enfants scolarisés, à partir d'une sociologie de la socialisation (Lahire, 2001). Une série de questions structure notre problématique : de quoi parle-t-on lorsqu'on parle de langage (au singulier) à l'école maternelle ? Peut-on dire qu'entrer dans le langage, pour un jeune enfant, c'est entrer dans le langage scolaire, et seulement cela ? Et par voie de conséquence : quelles sont les conditions sociales de l'acculturation langagière de la petite enfance ? Cela nous conduit à envisager la socialisation langagière des jeunes enfants dans les diverses configurations sociales où elle se réalise, à travers trois principales instances socialisatrices : l'école en tant qu'espace d'acculturation scolaire, la famille, et les pairs réunis durablement par la clôture scolaire. En se focalisant plus particulièrement sur l'acculturation scolaire et la socialisation entre pairs, nous montrerons dans cet article que dans l'école, les jeunes enfants sont socialisés à deux langages : l'un légitime, le langage scolaire, l'autre dominé mais résistant, un langage entre pairs. Puis nous envisagerons certains effets socialement différenciés et différenciateurs de cette socialisation langagière paradoxale.

1. Méthodologie

La description des conditions concrètes de la socialisation langagière des jeunes enfants scolarisés et la saisie des formes langagières qu'elle façonne s'appuient sur une enquête ethnographique :
— Observations approfondies de pratiques dans les différents contextes du quotidien de l'école maternelle par notations en continu dans le flux des activités, photographies, et enregistrements sonores en conditions naturelles,
— Entretiens auprès des différents acteurs concernés (socialisés et agents socialisateurs),
— Relevés de données et documents.

L'enquête se décompose en deux temps, sur un territoire du Poitou-Charentes :
— Une enquête réalisée en 2010 et 2011 dans trois classes maternelles (village, bourg rural, ville moyenne) scolarisant des enfants de moyenne et grande section[4] et à recrutement social diversifié : 93 heures d'observation, 4 entretiens avec des enseignantes, 28 entretiens individuels avec des enfants (Montmasson-Michel, 2011).
— Une enquête longitudinale en cours d'analyse (de la toute petite section[5] à la grande section : douze classes) dans deux écoles maternelles à recrutements sociaux contrastés : l'une en « éducation prioritaire »[6] urbaine à recrutement très majoritairement populaire, l'autre dans un bourg rural périurbain à recrutement social diversifié.

L'observation des pratiques langagières *in situ* repose sur les données suivantes : organisation sociale et contexte matériel de l'interaction, paroles, sonorisations non ou para-verbales, mimiques, gestuelle, déplacements. Lorsqu'elle est possible, l'agrégation des trois modalités de collecte (notes, enregistrements sonores et photographiques), toutes

---

4. Tranches d'âge des 4-5 ans et des 5-6 ans.
5. Tranche d'âge des 2-3 ans.
6. Administrativement, c'est un RSS (Réseau de Réussite Scolaire).

lacunaires mais complémentaires, les documente avec le plus de précision. La transcription des discours est orthographique et linéaire, les onomatopées et bruitages sont interprétés alphabétiquement, la ponctuation et la casse soulignent et interprètent les marques non ou para-verbales, sans autre codification, des indications d'expression et de contexte complètent l'ensemble. Ces matériaux ne peuvent en aucun cas prétendre produire une image transparente et exhaustive des pratiques : ils en sont à la fois une interprétation sélective et une reconstitution. Ces limites étant établies, ils contribuent néanmoins à la description et la compréhension des conduites langagières enfantines et des pratiques socialisatrices.

2. Une littéracie scolaire de la petite enfance

Les programmes en vigueur au moment des enquêtes (MEN, 2008) accordent une place sans précédent aux contenus langagiers. Deux domaines d'activités, « s'approprier le langage » et « découvrir l'écrit », attachent l'un comme l'autre le langage scolaire de la petite enfance à l'univers de l'écrit.

2.1. Un langage verbal et verbalement explicite

« L'objectif essentiel de l'école maternelle est l'acquisition d'un langage oral riche, organisé et compréhensible par l'autre. » indiquent ces programmes, dès leur introduction (MEN, 2008, p. 12). Cet oral scolaire est institutionnellement défini comme un langage verbal et verbalement explicite, façonné par et pour la culture écrite : c'est donc exclusivement dans les mots, ce qu'ils désignent, et la façon dont ils sont agencés, que peuvent s'établir les significations.

> Le langage alors produit, appelé ici "langage d'évocation", est précis et structuré, sinon il ne sera pas compris : il s'apparente au langage écrit en tant que forme décontextualisée comme l'est l'écrit. Il ne peut pas avoir absolument toutes les marques de l'écrit (…) mais il en a les caractéristiques essentielles ; explicitation lexicale requise pour la compréhension du fait de la décontextualisation (De qui, de quoi parle-t-on ?), structuration qui traduit des relations chronologiques, spatiales et logiques (Que se passait-il ? Quand, où, comment, pourquoi ?) (MEN, 2011, p 6-7)

Pour désigner la « culture écrite » (Lahire, 1993), un terme d'origine anglosaxonne à l'acception polymorphe a désormais pris le pas dans la recherche francophone : la littéracie/tie (Barré-De Miniac, 2003 ; Privat et Kara, 2006 ; Fraenkel et Mbodj, 2010 ; Joigneaux, Laparra et Margolinas, 2012 ; Delcambre et Pollet, 2014). Une discussion oppose un courant issu des travaux de Jack Goody (1979, 1994) considérant les effets cognitifs et sociaux découlant du déploiement de l'écriture, dans leur portée générale, à un autre, issu des « New Literacy Studies » (Street, 1993 ; Fraenkel et Mbodj, 2010), appréhendant les pratiques contextualisées autour de l'écrit matérialisé, dans leur diversité. Sans entrer dans cette discussion dans le cadre de cet article, nous adopterons ici la perspective goodienne, et la réinterprétation sociologique en contexte scolaire qu'en a proposé Bernard Lahire (1993, 2001, 2008) : par littéracie, nous entendons un langage idéal-typique (Weber, 2006, p. 141) configuré par les contraintes et les possibilités de l'écrit. La forme scolaire (Vincent, Lahire et Thin, 1994), parce qu'elle inscrit l'étude dans le temps long et sépare les savoirs de la pratique, crée les conditions, au moins idéalement, du déploiement de la littéracie.

2.2. Les pratiques socialisatrices : écrit intériorisé, écrit matérialisé et inconscient d'école

L'écrit fixe et spatialise le langage sur un support graphique au moyen d'un système formel de signes linguistiques. Au plan cognitif et social, trois propriétés permettent de le caractériser : il est désincorporé, décontextualisé et organisé temporellement et spatialement dans la logique de la raison graphique (Goody, 1979 ; Montmasson-Michel, 2011). Ce type idéal constitue un arrière-fond latent de la socialisation langagière de l'école maternelle. Mais pour autant, nous allons voir que ces enjeux sont faiblement objectivés par les enseignants de nos enquêtes[7].

Les classes observées sont saturées de paroles, d'écrits, et d'activités graphiques. Dans cet « univers de langage » (Bourdieu, Passeron et Saint Martin (de), 1968, p. 28), nous nous arrêterons plus spécifiquement sur les pratiques enseignantes les plus didactisées, laissant ici dans l'ombre les effets socialisateurs des incessantes régulations langagières peu contrôlées sur le plan formel.

En premier lieu, « faire du langage » à l'école maternelle, désigne un travail sur la parole enfantine destiné à faire intérioriser les manières de parler et penser dans les formes scripturales. Ce travail comprend principalement la description verbale du monde et le récit (dans trois déclinaisons : récit de soi, retour sur expérience et récit de fiction).

La description scolaire renvoie surtout, au plan linguistique, au travail sur le lexique. Au plan cognitif, elle est bien plus qu'un simple « apprentissage de mots », à quoi le sens commun pédagogique la rabat : il s'agit d'une forme analytique d'appréhension et d'objectivation du monde par découpage, spécification, et organisation en catégories formelles de

---

7. Quinze classes, douze enseignants.

ses éléments. De nombreux matériels sont mobilisés à cette fin : objets scripturaux tels que les imagiers, mais aussi objets et images ordinaires du monde, ou encore jeux à règles (lotos, cartes).

La fiction scolaire, matérialisée dans une abondante littérature de jeunesse, requiert trois modes d'appropriation concomitants. Les enfants doivent en effet passer d'un registre cognitif à un autre, autour du même objet d'apprentissage : un mode pragmatique, fondé sur une appropriation éthico-pratique (Bourdieu, 1979 ; Lahire, 1993), un mode formel visant la restitution verbale et chronologique des récits, et un mode analytique introduisant les jeunes enfants à l'analyse littéraire à partir de premières catégories telles que le personnage. Ce dernier mode, de même que sa coexistence ambiguë avec les deux premiers, inscrit d'emblée ce travail dans la logique et les exigences du second degré long (Renard, 2011).

En second lieu, les jeunes enfants sont aussi socialisés à un travail sur la matérialité graphique et alphabétique du langage. Le « graphisme » introduit les enfants à la raison graphique dans sa dimension spatiale : interventions graphiques organisées sur diverses surfaces, entraînements aux tracés de formes graphiques. De plus, ils incorporent la matérialité de l'écrit en s'entraînant à l'écriture pour elle-même. Enfin, ils découpent et recomposent le langage alphabétique : sous sa forme orale (la phonologie), allant de la manipulation de syllabes à l'extraction ou la fusion de phonèmes ; sous sa forme écrite, en manipulant toutes sortes d'étiquettes supportant divers constituants de l'écrit : lettres, mots, syntagmes. Cognitivement, ces pratiques requièrent et entretiennent un rapport réflexif au langage écrit, consistant à le prendre pour objet d'étude (Lahire, 1993, 2008).

Pour les enseignant(e)s, le langage analytique de description du monde, la concomitance de divers modes d'appropriation des récits ou encore le découpage formel et la manipulation de l'écrit alphabétique, sont des notions et postures allant de soi, inscrites dans leur « inconscient d'école » (Bourdieu, 2000). L'intervention pédagogique s'ancre donc sur cette littéracie à l'état pratique et sur un répertoire syncrétique de présupposés et de normes : présupposés de la mise au travail par la proposition ludique (il faut « jouer » et, souvent, « gagner ») et la mise en activité réglée (il faut être occupé sans faire « n'importe quoi »), norme moraliste (le langage familier est corrigé, les grossièretés proscrites), norme formaliste (l'attention se porte sur la syntaxe, le vocabulaire, la conformité chronologique), norme expressive (les enfants doivent s'exprimer et faire preuve d'initiative)[8].

---

8. Sur cette interprétation, voir aussi : Bautier et Équipe ESCOL, 2008 ; Millet et Croizet, 2013

3. Un langage clandestin dans la sociabilité des pairs
3.1. Entre évocations narratives et prouesses langagières

Observation d'une grande section de maternelle, école rurale, mars 2010; relevé de données: prises de notes en continu complétées *a posteriori* par des précisions de contexte.

Une quinzaine d'enfants sont rassemblés dans un bâtiment préfabriqué pour la garderie du matin, sous la surveillance d'une employée communale. Dans la salle, il y a quelques tapis de sol, des jouets et jeux dans des caisses, des tables collectives et du matériel ludique et graphique à disposition sur des étagères. Jérémy[9] (5 ans 9 mois, mère?, père rédacteur), son copain Arthur (5 ans 6 mois, mère rédactrice d'assurance, père tourneur fraiseur, séparés) et Amandine, sœur jumelle d'Arthur, engagent rapidement un échange après leur arrivée.

(…) Jérémy: « je vais prendre une épée tchik, tong, prrr ». Il fait des bruitages très réussis (proches de ceux qu'on peut entendre dans les films ou jeux vidéo de chevalerie), et s'engage dans un mime très convaincant, fendant l'air tout autour de lui. Son jeu se prolonge puis il se déplace dans la pièce en bruitant, agitant son épée en gestes amples. Arthur lui emboîte le pas en adoptant une marche surjouée (sorte de marche militaire qui s'accorde rythmiquement aux mouvements de Jérémy). Tout au long du jeu, Jérémy reste en avant et Arthur le suit, en l'imitant gestuellement. Amandine les rejoint et interpelle son frère. Elle fait mine de manger en les regardant, exagérant une fausse mastication, puis s'éloigne vers les poupées. Là, elle continue de faire semblant de manger. Les garçons s'approchent d'elle et lui tirent fictivement dessus. La gestuelle et les bruitages montrent que les armes imaginaires sont maintenant des pistolets. Jérémy dit à Amandine « moi, je vais te couper la tête », il agite son épée (nouveau changement d'arme) devant elle avec des bruitages évocateurs. Il fait mine de lui couper la tête. Elle ne joue pas le jeu et continue son repas fictif. Les garçons s'éloignent puis reviennent (…)
Amandine dit avec un air sévère, le doigt pointé en l'air: « mais Jérémy, fais attention ch'peux changer d'[incompréhensible]! ». Elle part alors en courant vers l'autre tapis puis mime un fauve en rugissant et montrant ses griffes. Ils refont tous trois un tour de la pièce. Le binôme de garçons devant, rapprochés, Amandine un peu à l'écart. Jérémy produit de nombreuses phrases verbales et bruitées (mots et bruits sont mêlés).
Amandine: maintenant j'étais toute petite
Arthur s'est mis à imiter les bruits de Jérémy.
Amandine: là, j'me transformais en [incompréhensible]
Avec diverses interventions verbales, elle essaie d'imposer un changement de thème mais Jérémy ne sort pas du sien, toujours meneur, et suivi par Arthur (…)

---

9. Tous les noms propres sont des pseudonymes.

Jérémy entreprend la description d'un engin à l'aide de gestes : « là, il y avait deux roues là, et pi là [...] et pi là y'avait un missile » puis distribue les rôles pour une nouvelle scène « et toi tu n'savais pas, toi t'allais là-bas ». Arthur obtempère et se déplace à l'endroit indiqué. Jérémy entame une imitation corporelle et sonore de l'engin aux missiles avec de nouveaux bruitages, cette fois de moteurs et de chocs... À ce moment-là, Amandine s'est détournée pour repartir vers les poupées.

Cette scène, observée lors d'un moment périscolaire, donne à voir le langage qui se développe dans l'entre-soi enfantin des classes maternelles contemporaines. Elle en est à la fois un exemplaire d'une série de faits récurrents et une variante parmi d'autres. C'est un langage de l'oralité : il se déploie dans le face-à-face, et le discours se construit dans l'ici et maintenant de l'interlocution. C'est un langage « agi », relevant d'une logique pratique (Bourdieu, 1980 ; Lahire, 1993), inscrit dans le corps du locuteur et contextualisé. Jérémy ne raconte pas ce qui arrive à son personnage, il fait corps avec lui : le personnage n'est pas objectivé en tant que tel, il est incarné. Les éléments de l'évocation sont labiles et éphémères, les composants du récit changent et se transforment, sans transitions ni justifications, des éléments du contexte sont incorporés de manière opportuniste : ici, l'épée devient un pistolet puis redevient une épée. La parole n'est pas autosuffisante : en même temps qu'il parle, Jérémy bruite, bouge, mime, imite. Tous les interlocuteurs sont partie prenante et certains parviennent à s'imposer ou s'opposer : Arthur imite Jérémy alors qu'Amandine tente à plusieurs reprises de prendre le dessus, par exemple en refusant de jouer la décapitation ou encore en incarnant un fauve en colère.

Deux figures langagières, souvent entremêlées, prédominent : l'évocation, illustrée ci-dessus, et la prouesse. Il s'agit alors de s'affronter physiquement et symboliquement aux autres. Dans une interaction à la fois coopérative et concurrentielle, un enfant propose une formule gestuelle, sonore et/ou verbale, susceptible d'épater les autres. Ils y répondent par imitation, réappropriation, rebond, ou détournement, déclenchant ainsi un échange. Souvent, de véritables joutes langagières s'engagent : certaines sont très verbales, incorporant des formulettes inventées ou piochées ici ou là ; d'autres s'ancrent dans des pratiques corporelles engagées, par exemple lors des nombreux jeux de poursuite, dans la cour de récréation.

Ce langage est très évocateur, métaphorique, et l'imaginaire y est débridé. Perméable au contexte, il incorpore la culture dans laquelle il est pris : objets divers du contexte de l'interlocution, détournés de leurs usages dans des évocations métaphoriques (instruments scolaires, couverts de la cantine, devenant personnages, armes, bolides…) ; univers symboliques de la culture de grande diffusion : jouets, dessins animés, jeux vidéo, téléréalité, séries, publicités, avec leurs personnages, mélodies, ritournelles et formules gestuelles ; culture scolaire (comptines, histoires, lettres et chiffres…).

3.2. Un langage socialement actif

La clôture scolaire durable et précoce et la propension des jeunes enfants à se lier les uns aux autres pour partager des activités (Corsaro, 1988), créent les conditions sociales de possibilité du développement d'un langage relativement autonome entre pairs. Les processus d'identification sont très actifs : les enfants veulent devenir « grands », hommes, ou femmes, et réinterprètent dans leurs inventions toutes sortes de rôles et rapports sociaux.

Ce langage se développe et s'entretient dans la pratique : chez les plus petits, les échanges sont fugaces, peu stables, et les ressources corporelles et verbales encore ténues, alors que chez les plus grands, de longues séquences se déploient, et certains individus se manifestent en virtuoses. Son efficacité sociale repose sur toutes sortes de ressources qui se combinent : une parole et un corps qui s'imposent, la maîtrise pratique des bruitages et formulettes, un répertoire d'expériences et de connaissances réelles ou fictives censées impressionner les autres, mais aussi un capital symbolique construit tout autant dans l'entre-soi que sur la scène scolaire. Les individus disposant de ressources et d'occasions pour les entretenir parviennent à prendre le dessus et, ce faisant, fixent les règles toujours mouvantes des jeux langagiers à leur avantage. Ils autorisent ou interdisent, valident ou invalident d'autres interventions. Dans le même mouvement, leur capital symbolique s'entretient et consolide une position haute, comme c'est le cas d'Adrien parmi ses copains.

> Observation d'une moyenne section de maternelle, école urbaine, avril 2010 ; recueil des données : prises de notes en continu, enregistrement sonore, photographies.

> Un groupe d'enfants est attablé dans la classe. Tenus de rester assis quelques minutes après une activité scolaire, ils entament alors une joute verbale. Adrien (4 ans 6 mois, parents ?) se montre ici, comme à de nombreuses autres occasions, un locuteur qui s'impose dans le groupe de pairs. Il dirige la conversation et commande les thèmes et les motifs des jeux verbaux et contrôle l'accès des participants à l'échange. Ses copains habituels, Noah (environ 4 ans et demi, mère ?, père manipulateur IRM) et Gaétan (environ 4 ans et demi, mère ?, père chauffeur routier) constituent ses partenaires privilégiés. Manon (4 ans 5 mois, mère aide-soignante, père commercial) essaye tant bien que mal d'entrer et de se maintenir dans la conversation, sans succès, tandis qu'Ines (4 ans, 4 mois, mère coiffeuse, père ?) reste mutique.

Adrien (montrant ses pieds) : ben moi aussi j'en ai des baskets regar'
[Brouhaha paroles superposées : ça parle de chaussures et de courir vite]
Gaétan : moi j'cour PLUS VITE que [inaudible] !
Enfant : moi encore… PLUS VITE que la [inaudible]
Enfant : moi encore… PLUS VITE que la terre moi !
Noah : moi encore plus vite que l'éclair
Adrien : et moi encore plus vite que l'canon… et les voitures
Gaétan : moi z'étais plus vite que l'volcan
Noah : moi, plus vite que les bouteilles
Gaétan : moi ze va encore plus vite que, que l'volcan
Noah : moi plus vite que l'enfer !
Gaétan : et moi, plus vite de la fumée
Adrien : et puis moi, et puis moi, plus vite… de TOUT !
Gaétan : on peut aller plus vite de [inaudible]
Adrien : ah moi, j'peux aller plus vite avec euh [inaudible]
Gaétan : et moi z'peux aller encore plus vite, plus vite, plus vite (« p » explosif)
[Brouhaha paroles superposées, Gaétan fait des bruits de pistolets en disant « poum poum »]
Adrien : j'ai cap' de aller dans l'eau pour nager
Gaétan : eh Noah moi [inaudible] PLEIN dans l'mille
Adrien : moi aussi
Gaétan : PLEIN (« p » explosif) dans l'mille
Adrien : jusqu'à la planète
Gaétan : moi z'a ai cap' d'aller ZUSqu'au volcan !
Noah : moi j'ai cap' d'aller jusque grimper au rocher !
Gaétan : zusqu' d'aller grimper au dinosaure !
Noah : ouaou !
Adrien : moi chuis cap' de aller ceux', ceux qui sont à la guerre
Gaétan : moi z'ai grimpé dans l'arbre VVVITE !
[Brouhaha paroles superposées, on entend Adrien qui dit « chuis cap' de aller » puis qui interpelle Noah plusieurs fois]
Adrien : et puis moi chuis cap' de aller jusqu'au'
Manon : à la planète
Adrien : non, pas à la planète [inaudible]
[Brouhaha paroles superposées, on entend Gaétan qui dit « moi suis cap' de… »]
(…)
Adrien : moi chuis cap' de être policier
Manon : ben moi, chuis cap' de être policier !
Adrien : on parle pas de toi d'abord
[Brouhaha paroles superposées]
Adrien : oui mais moi avec ma moto [inaudible] et ben j'fais ça regardez !
J'fais ça avec ma, ma vraie moto (bruit vocalisé de moto qui démarre – secousses du moteur, mime des mains sur le guidon) j'écrase tout l'monde en plus, même les voitures et les camions. Quand j's'rai grand je s'rai un policier et j'vais les écraser.

4. Une dialectique langagière
4.1. Deux logiques antagonistes à l'insu des enseignants

Le cas de Corentin (mère employée de commerce, bac technologique ; père manutentionnaire, CAP et BEP cuisine) montre comment l'acculturation langagière scolaire d'un enfant issu de milieu populaire peut être gênée par cette double socialisation langagière, alors même qu'il vit une scolarisation heureuse.

Dans le groupe de pairs, il tient une place avantageuse : admiré pour sa puissance physique, toujours prompt à se glisser dans une conversation, grand connaisseur des univers fictionnels de grande diffusion qu'il incorpore à l'envi dans ses évocations et prouesses, amateur de blagues scatologiques, jamais en reste d'une facétie lorsque la maîtresse tourne la tête, etc. Dans son registre, il excelle à raconter et se raconter sur un mode agi, captant l'attention de son public, sans cesser de mimer et de se déplacer. Le long entretien réalisé avec lui nous en a donné de multiples illustrations, telle cette évocation d'une partie de babyfoot.

> Extrait d'entretien individuel, décembre 2010, école primaire de bourg rural, Corentin (5 ans 8 mois, grande section) ; salle polyvalente de l'école.
>
> Interrogé sur ses activités en garderie le matin où un babyfoot a été installé, il entreprend alors de se raconter en train d'y jouer.
>
> Corentin (il est debout) : hier j'étais avec Maxime, Maxime, (se mimant les mains sur les poignées du babyfoot, le discours s'anime, il halète, la voix monte dans l'aigu) il était au goal, et on a eu avec a euh, deux hum tr', deux euh deux qui protègent le goal, chuitais en train d'fair' ça et j'faisais des patates ! (...) (Avec gestes mimétiques) mais des fois j'fais des patates et ça' ça, ça va en haut et des fois j'fais des patates ça va jusque' ça sort du babyfoot (...) et Maxime i, i' lui, une fois chuitais en train d' euh essayer d'le battre, s', euh moi eh d'vant on était contre euh… Justin et puis euh Tom, moi et Mattéo, Mattéo Jarriault, chuitais en train d'tirer et haannn (dans un souffle) du, du goal, ça va dans, ça va maint'nant dans l'but !

Son enseignante dit de lui : « il VEUT montrer, à moi, comme aux autres, (...) qu'il est content d'être là, content de faire avec eux, content de participer, content d'apprendre, qu'il a des choses à dire, qu'il a envie de jouer avec euh, voilà il est très dans le… comment dire… une attitude positive. » Au plan langagier, elle apprécie sa parole abondante mais regrette son écart aux normes formelles : « il a BEAUCOUP de choses à dire, il a aussi des choses à raconter, il aime prendre la parole, mais au niveau de la syntaxe, c'est pas toujours… correct, il a beaucoup de mal à conjuguer les verbes. » En réalité, apprécié et valorisé pour sa sociabilité joyeuse, son goût de l'activité, et sa parole abondante, il a rarement l'occasion de se confronter aux diverses contraintes de l'oral scolaire. À l'insu de son enseignante, pourtant soucieuse du langage de ses élèves, Corentin n'apprend pas à raconter une histoire en se distanciant, à l'inscrire dans un temps chronologique, à en construire le sens exclusivement dans les mots et leur agencement, à l'énoncer dans une parole découpable et condensable dans les normes de l'écrit, en somme, une histoire qui pourrait presque se lire ou s'écrire. Dans le même temps, ses pairs issus de milieux plus dotés en capital scolaire trouvent pourtant, dans les situations de parole scolaire, à développer ce type de savoir-faire.

Parmi d'autres, de tels malentendus sont récurrents dans nos enquêtes. Dans bien des cas, ils s'inscrivent dans un rapport à l'école qui, dès ce jeune âge, peut être plus heurté : perturbations de l'ordre scolaire, résistances à la mise au travail, stigmatisations[10].

4.2. La socialisation corporelle comme socialisation langagière

Parce qu'il façonne un corps sonore et mouvementé, le langage pratique des pairs contrarie les normes du langage et de l'ordre scolaires. Il leur résiste objectivement et se manifeste continuellement sous forme opportuniste lorsque le contrôle des adultes se relâche. N'étant pas considéré comme un langage, il est inlassablement réprimé dans ses manifestations sonores et mouvementées, dans le flux des activités.

Aussi, les manifestations langagières déviantes sont principalement régulées par un travail sur les corps. La sensibilité sociale contemporaine à la contrainte sur les corps et sa potentialisation lorsqu'il s'agit d'enfants sont le produit d'un long processus socio-historique (Elias, 2002, 2010 ; Vigarello, 2000). Face à cet interdit social, les contraintes scolaires sur les corps enfantins sont réinterprétées et rationalisées dans toutes sortes de catégories indigènes : hygiène, « vivre ensemble », bien-être et besoins de l'enfant, disciplines et contenus d'enseignement (graphisme, éducation physique et sportive, éducation musicale). Deux régimes de la contrainte co-existent, dont les racines plongent dans l'histoire sociale.

Un régime disciplinaire, issu des salles d'asile (Foucault, 1975 ; Battegay, 1979 ; Dajez, 1994), mobilise diverses techniques de mises en ordre et de synchronisation : immobilisations et linéarisations (sur des bancs, le long de murs, dans des rangs...), installations synoptiques (« coin regroupement », rondes, lignes et colonnes des dortoirs...), chants collectifs, récapitulations exhaustives (étiquetages des casiers ou portemanteaux, appel, distributions de cahiers ou de doudous). L'ensemble de

---

10. Sur ce point, voir aussi : Millet et Croizet, 2013.

ces pratiques constitue une logistique disciplinaire littéraciée, structurée et structurante, qui construit des habitudes durables inscrites dans la logique de la raison graphique (Battegay, 1979; Bourdieu, 1980; Privat, 2006).

Un régime de l'activité contenue, associé au modèle émergeant au XXe siècle, est concomitant : une liberté relative de mouvement et de parole est aménagée, reposant sur l'activité canalisée par le matériel pédagogique. Les enfants sont souvent mis en situation de s'approprier ces matériels, censés entretenir un registre scolaire, à distance du corps et de la parole des adultes socialisateurs, mais parmi leurs pairs. Le dispositif regroupement/ateliers/jeux récréatifs, massivement répandu, est une actualisation contemporaine de ce régime de la contrainte assouplie. Les enfants sont rassemblés autour de l'enseignant(e) dans le « coin regroupement » : l'enseignant(e) exerce alors un contrôle soutenu sur ses élèves en intervenant directement, par la parole, les gestes et via les matériels. Les enfants sont ensuite distribués en petits groupes sur des ateliers, le plus souvent installés dans l'espace tables, chacun assigné à une activité différente. Des ateliers dirigés font l'objet d'un contrôle soutenu par un adulte, l'enseignant ou l'ATSEM[11] de la classe. Mais d'autres ateliers, dits autonomes, confient aux enfants des tâches qu'ils réalisent seuls parmi leurs pairs et dont le résultat est visé *a posteriori* : le contrôle est alors différé. Lorsqu'une activité est terminée, les enfants sont autorisés à fréquenter les coins de jeux de la classe (dînette, circuits, figurines…) ou à s'occuper librement sur les tables avec du matériel (dessin, puzzles, mosaïques…). Le contrôle y est relâché. La régulation repose sur les règles générales du comportement normé, imposant un corps contrôlé : les bagarres, courses, sauts et cris sont proscrits, de même que les projections, percussions ou renversements d'objets, et il est interdit de déplacer du matériel hors de l'espace délimité.

4.3. Des processus différenciateurs

Nous avons fréquemment observé que les garçons issus des catégories scolairement dotées passent continuellement d'un registre à l'autre (Montmasson-Michel, 2011) : s'ils basculent souvent dans le langage pratique des pairs, ils peuvent aussi, sans qu'une forte contrainte extérieure ne soit nécessaire, revenir dans le registre scolaire. Cela les différencie sensiblement de leurs pairs issus de milieux populaires : le plus souvent, ces derniers convoquent et soutiennent difficilement le registre scolaire

---

11. Agent territorial spécialisé des écoles maternelles : fonctionnaire territorial de catégorie C titulaire du CAP petite enfance.

(contrôler sa parole, son corps, son activité, persévérer dans la tâche). Dans les ateliers autonomes, les garçons issus des catégories scolairement dotées s'engagent entre eux dans des échanges distrayants et concurrentiels, mais avancent en même temps efficacement dans leur tâche scolaire qui, en grande section, est souvent une activité graphique, numérique et/ou alphabétique. Ils achèvent rapidement leur travail, reçoivent les félicitations des adultes, acquièrent ce faisant du prestige, valorisé à cet âge autant sur la scène scolaire que parmi les pairs. Leur efficacité et leur relative conformité scolaire les rendent maîtres d'un temps gagné pour l'entretien des pratiques et positions entre pairs : ils fréquentent longuement les coins de jeux, en sont moins souvent exclus pour cause de débordement que leurs pairs d'origine populaire, sortent plus souvent les premiers en récréation, etc. Ainsi, ces enfants peuvent entretenir leurs dispositions langagières et valoriser leur capital symbolique sur les deux scènes.

Le déploiement de contextes permettant la co-existence de ces registres antagonistes dans l'école, dans les classes, et au cœur même des activités pédagogiques, suppose une certaine économie de la contrainte : une autonomie politique et cognitive (Lahire, 2007, p. 322-347 ; Joigneaux, 2014 ; Durler, 2015). L'autonomie politique renvoie au gouvernement de soi (Foucault, 1984) ou à l'autocontrainte pulsionnelle (Elias, 2002) : c'est une disposition à s'imposer la règle commune à soi-même. L'autonomie cognitive renvoie à des dispositions scripturales de réflexivité sur le langage pour lui-même et sur le monde objectivé dans les mots qu'Élisabeth Bautier désigne par littéracie étendue (Bautier, 2010). Des produits culturels issus d'une longue histoire sont ainsi constitutifs des normes éducatives de la petite enfance. Plus précisément, comme le montre Héloïse Durler, l'autonomie scolaire n'est pas seulement une visée : elle est un prérequis de la socialisation scolaire. La demande sociale d'une autonomie précoce est socialement différenciatrice : le mode d'exercice de l'autorité en milieu populaire, par contrainte directe (Bernstein, 1975 ; Thin, 2006 ; Delay, 2011), est peu propice à la construction de ces dispositions alors qu'en même temps, dans ces milieux, les dispositions langagières sont plus proches des formes sociales orales (Lahire, 1993 ; Thin, 2006).

Conclusion et perspectives

Ces résultats montrent l'intérêt d'appréhender ensemble le monde scolaire et le monde des pairs de la petite enfance, puisqu'en l'occurrence l'un est dans l'autre et qu'ils coexistent. Quand bien même l'école maternelle se présente comme école du langage, c'est bien à une école des langages que l'on a à faire.

Nous avons donné quelques éclairages sur certaines tensions, socialement différenciatrices, suscitées par cette double socialisation langagière. Alors que l'acculturation scolaire des garçons de milieux populaires semble contrariée par ces tensions, leurs pairs issus des catégories plus dotées scolairement semblent bien plus facilement entretenir les deux langages et en retirer des bénéfices sociaux sur les deux scènes. Nous faisons donc l'hypothèse que cette tension heureuse est conditionnée par des ressources issues et entretenues dans les socialisations familiales, de fait invisiblement prérequises : par exemple, certains usages de la parole, en affinité avec l'oral scolaire, fortement scripturalisé ; ou encore, des dispositions à l'autocontrainte, favorisées par les formes distanciées d'exercice de l'autorité. Par un effet cumulatif, ces avantages sociaux rentabilisent la socialisation scolaire et confortent indirectement la position parmi les pairs.

Ces considérations nous invitent à approfondir cette analyse et à l'élargir à d'autres produits de la socialisation langagière et d'autres déterminants sociaux de leur différenciation. Le croisement des effets du genre et de l'origine sociale, par la saisie des sociabilités et des conduites culturelles et scolaires des filles, dont cet article ne rend pas compte, entre dans cette perspective. Elle pourra éclairer les modalités différenciées du rapport au corps, à la règle, à la parole, au savoir, et leurs effets langagiers, entre filles et garçons de milieux populaires ou encore entre filles de diverses origines sociales. Plus largement, nous souhaitons interroger à partir de là, les conditions de possibilité de la circulation ou de la conversion des ressources sociales (savoir-faire, dispositions, capitaux) d'un registre langagier à l'autre.

Bibliographie

Barré-De Miniac C. (2003), « La littéracie : au-delà du mot, une notion qui ouvre un champ de recherches variées », *Revue suisse des sciences de l'éducation* 25, 1, p. 111-123.

Battegay A. (1979), « De la salle d'asile à l'éducation maternelle à l'école : la construction d'un regard scientifique sur l'enfance », dans GRS (éd.), *Études sur la socialisation scolaire*, Lyon, CNRS, p. 75-110.

Bautier E. (2010), « Changements curriculaires : des exigences contradictoires qui construisent des inégalités », dans Ben Ayed C. (éd.), *L'école démocratique : vers un renoncement politique ?*, Paris, Colin.

Bautier E. & ESCOL (2008), *Apprendre à l'école. Apprendre l'école : des risques de construction d'inégalités dès la maternelle*, Lyon, Chronique sociale.

Berger P. L. & Luckmann T. (2010), *La construction sociale de la réalité*, Paris, Colin.

Bernstein B. (1975), *Langage et classes sociales, codes socio-linguistiques et contrôle social*, Paris, Minuit.

Bernstein B. (2007/1975), « Classes et pédagogies : visibles et invisibles. CERI 1975 », dans Deauvieau J. et Terrail J.-P. (éds), *Les sociologues, l'école et la transmission des savoirs*, Paris, La Dispute, p. 85-112.

Bourdieu P. (1979), *La distinction : critique sociale du jugement*, Paris, Minuit.

— (1980), *Le sens pratique*, Paris, Minuit.

— (2000), « L'inconscient d'école », *Actes de la recherche en sciences sociales* 135, 1, p. 3-5.

Bourdieu P., Passeron J.-C. et Saint Martin (de) M. (1968), *Rapport pédagogique et communication*, La Haye, Mouton.

Bruner J. S. (1991), *Car la culture donne forme à l'esprit : de la révolution cognitive à la psychologie culturelle*, Paris, Eshel.

Chamboredon J.-C., Prévot J. (1973), « Le "métier d'enfant". Définition sociale de la prime enfance et fonctions différentielles de l'école maternelle », *Revue française de sociologie* 14, 3, p. 295-335.

Chartier A.-M. (2007), *L'école et la lecture obligatoire*, Paris, Retz.

Corsaro W. A. (1988), « Peer Culture in the Preschool », *Theory into Practice*, 27, 1, p. 19-24.

Dajez F. (1994), *Les origines de l'école maternelle*, Paris, PUF.

Delay C. (2011), *Les classes populaires à l'école : la rencontre ambivalente entre deux cultures à légitimité inégale*, Rennes, PUR.

Delcambre I., Pollet M.-C. (2014), « Présentation », *Spirale Revue de recherches en éducation* 53, p. 3-8.

Durler H. (2015), *L'autonomie obligatoire : sociologie du gouvernement de soi à l'école*, Rennes, PUR.

Elias N. (1991), *The symbol theory*, London, Sage.

— (2002), *La civilisation des mœurs*, Paris, Calmann-Lévy : Pocket.

— (2003), *La dynamique de l'Occident*, Paris, Presses pocket.

— (2010), *Au-delà de Freud : sociologie, psychologie, psychanalyse*, Paris, La Découverte.

Foucault M. (1975), *Surveiller et punir : naissance de la prison*, Paris, Gallimard.

— (1984), *Histoire de la sexualité. Tome 3 : Le souci de soi*, Paris, Gallimard.

Fraenkel B., Mbodj A. (2010), « Introduction. », *Langage et société* 133, 3, p. 7-24.

Garnier P. (2009), « Préscolarisation ou scolarisation ? L'évolution institutionnelle et curriculaire de l'école maternelle », *Revue française de pédagogie* 169, p. 5-15.

Goody J. (1978), *La raison graphique : la domestication de la penséee sauvage*, Paris, Minuit.

— (1994), *Entre l'oralité et l'écriture*, Paris, Presses universitaires de France.

Gumperz, J.-J. & Hymes, D. H. (dirs) (1986), *Directions in sociolinguistics: the ethnography of communication*, Oxford, UK, New York, USA, Blackwell.

Heath S. B. (1983), *Ways with words: language, life, and work in communities and classrooms*, Cambridge, UK, Cambridge University Press.

Isambert-Jamati V. (1985), « Quelques rappels de l'émergence de l'échec scolaire comme "problème social" dans les milieux pédagogiques français », dans E. Plaisance (éd.), *L'échec scolaire. Nouveaux débats, nouvelles approches sociologiques*, Paris, CNRS.

Joigneaux C. (2014), « L'autonomie à l'école maternelle : un nouvel idéal pédagogique ? », *Recherches en éducation* 20, p. 66-75.

Joigneaux C., Laparra M., Margolinas C. (2012), « Une dimension cachée du curriculum réel de l'école maternelle : la littératie émergente ? », colloque *Sociologie et didactiques : vers une transgression des frontières*, 13 et 14 septembre 2012, Lausanne.

Kakpo S. (2012), *Les devoirs à la maison : mobilisation et désorientation des familles populaires*, Paris, PUF.

Kergomard P. ([1886-1895] 2009), *L'éducation maternelle dans l'école*, Paris, Fabert.

Labov W. (1976), *Sociolinguistique*, Paris, Minuit.

Lahire B. (1993), *Culture écrite et inégalités scolaires : sociologie de l'« échec scolaire » à l'école primaire*, Lyon, Presses universitaires de Lyon.

— (2001), *L'homme pluriel : les ressorts de l'action*, Paris, Nathan.

— (2007), *L'esprit sociologique*, Paris, La Découverte.

— (2008), *La raison scolaire : école et pratiques d'écriture entre savoir et pouvoir*, Rennes, PUR.

Luc J.-N. (1997), *L'invention du jeune enfant au XIXe siècle : de la salle d'asile à l'école maternelle*, Paris, Belin.

Millet M., Croizet J.-C. (2013), *Comment pense l'école ? Catégories scolaires et difficultés d'apprentissage*. Rapport pour le compte de la Région Poitou-Charentes, GRESCO (EA 3815) & CERCA (UMR 7295), Université de Poitiers.

Ministère de l'éducation nationale (2008), *Les programmes de l'école primaire*, B. O. n° 3 du 19 juin 2008. Hors série.

— (2011), *Le langage à l'école maternelle*, Paris, Sceren, CNDP, CRDP.

— (2013), *Repères et références statistiques sur les enseignements la formation et la recherche. Édition 2013*, Paris, MEN, DEPP.

Montmasson-Michel F. (2011), « Les langages de l'école maternelle : une approche sociologique de la question langagière à l'école de la petite enfance », mémoire de recherche de master 2 en sociologie dirigé par Mathias Millet, Université de Poitiers.

Ochs E. & Schieffelin B. B. (1984), « Language acquisition and socialization : three developmental stories and their implications », in Schweder R. and LeVine R. (eds), *Culture theory : Essays on Mind, Self, and Emotion*, Cambridge, New York, Cambridge University Press.

Plaisance É. (1986), *L'enfant, la maternelle, la société*, Paris, Presses universitaires de France.

Privat J.-M. (2006), « Un habitus littératien ? », *Pratiques* 131-132, p. 125-130.

Privat J.-M., Kara M. (2006), « Présentation », *Pratiques* 131-132, p. 3-6.

Renard F. (2011), *Les lycéens et la lecture : entre habitudes et sollicitations*, Rennes, PUR.

Schieffelin B. B., Ochs E. (1986), « Language Socialization », *Annual Review of Anthropology* 15, 1, p. 163-191.

Street, B.V. (dir.) (1993), *Cross-cultural approaches to literacy*, Cambridge, UK, New York, USA, Cambridge University Press.

Thin D. (2006), « Pour une analyse des relations entre familles populaires et école en termes de confrontation entre logiques socialisatrices », *Revista Brasileira de Educação*, 11, 32, p. 211-225.

Vigarello G. (2000), *Histoire du viol XVIe-XXe siècle*, Paris, Seuil.

Vincent G., Lahire B., Thin D. (1994), « Sur l'histoire et la théorie de la forme scolaire », dans Vincent G. (éd.), *L'éducation prisonnière de la forme scolaire ? Scolarisation et socialisation dans les sociétés industrielles*, Lyon, Presses universitaires de Lyon, p. 11-48.

Voloshinov V. N. (1977), *Le Marxisme et la philosophie du langage : essai d'application de la méthode sociologique en linguistique*, Paris, Minuit.

Vygotski L. S. (1997), *Pensée et langage*, Paris, La Dispute.

Weber M. (2006), *Essais sur la théorie de la science*, Chicoutimi, Tremblay J.-M., http://classiques.uqac.ca/classiques/Weber/essais_theorie_science/essais_theorie_science.html, consulté le 18 mars 2014.

Article reçu en mars 2015. Révision acceptée en juillet 2015.

Manifestations discursives de l'identité professionnelle des éducateurs spécialisés

Marie Veniard
Université Paris Descartes, EDA
marie.veniard@parisdescartes.fr

Introduction

Pour la linguistique des usages et des discours, nous entendons par là, la socio-linguistique et l'analyse du discours, les discours du travail social constituent un champ de recherche vivace même s'il est fragmenté. Les corpus étudiés sont très divers : rapports éducatifs (Rousseau 2004 ; Cislaru, Pugnière-Saavedra et Sitri, éds 2008), entretiens avec des éducateurs (Cambon 2009) ou des conseillers en accompagnement au retour à l'emploi (Glady 2011), écrits d'assistantes sociales (Branca-Rosoff et Torres, 1993), rendez-vous d'accompagnement professionnel (de Saint Georges 2011). Le volume *L'Analyse du discours dans la société* (Pugnière-Saavedra, Sitri et Veniard éds, 2012) en présente d'autres exemples (partie II.3). Les problématiques ne sont pas moins éclatées. Nous nous intéresserons à une question transversale, celle des phénomènes d'*ambiguïsation* du discours, mis en évidence par C. Chabrol (1994) et développés par P. Rousseau (2008) sous l'appellation de *stratégies paradoxales*. Ces phénomènes s'interprètent comme l'illustration d'une position précautionneuse du scripteur qui, pris entre des contraintes contradictoires, ne peut/veut afficher nettement sa position. Les catégories regroupent soit des cas d'énoncés successifs qui actualisent différentes orientations pragmatiques, soit des cas où un seul énoncé peut donner lieu à différentes interprétations sans qu'une désambiguïsation nette soit effectuée.

Nous proposons dans cet article de poursuivre la description des phénomènes linguistiques et discursifs révélant cette tension dans le genre « rapport éducatif » qui, on en fait l'hypothèse, offre un cadre propice à leur émergence. Nous situant dans un cadre d'analyse du discours, nous montrerons que la conciliation des injonctions paradoxales se manifeste par différents phénomènes, du plus évident, la préservation des faces et l'euphémisation, au moins marqué, la juxtaposition, voire la concaténation, de points de vue divergents dans un même syntagme.

1. Le paradoxe aide-contrôle au cœur du métier d'éducateur : une approche discursive

L'analyse des ressources exploitées par les éducateurs spécialisés pour concilier les injonctions paradoxales qui sont au cœur de leur métier et de certaines de leurs pratiques d'écriture combine étroitement une analyse de phénomènes linguistiques et discursifs et une description de la situation de production des textes, de leur fonction et de l'identité des rédacteurs. Nous avons eu recours à la notion de « genre de texte », qui est un des lieux possibles de cette articulation. Cette notion « biface » (Branca-Rosoff 1999 :116), constitutivement hétérogène, est définie comme un « dispositif de communication socio-historiquement » situé (Dardy et *al.* 2002 : 49). D'un point de vue méthodologique, la notion de genre permet de constituer un corpus sur des bases comparables (voir 1.4).

La profession d'éducateur spécialisé est tendue entre deux pôles qui organisent l'activité : l'aide et le contrôle (Rousseau 1997 ; Cambon 2009). Les éducateurs doivent à la fois aider les populations qu'ils suivent tout en visant leur intégration dans la société, avec pour horizon une norme sociale, psychologique ou médicale. Cette norme, plus ou moins explicite, marquée dans le discours (Garnier 2008), est endogène à la profession. Elle porte, pour les enfants, sur le comportement, la scolarité, la santé et constitue le point de passage entre l'aide et le contrôle. Point de repère pour exercer le contrôle, elle constitue aussi l'horizon visé par l'aide.

1.1. Éducateur : une profession fondée sur un paradoxe

À partir d'un corpus de rapports éducatifs produits dans le champ de la protection de l'enfance, P. Rousseau (2008) analyse ce paradoxe structurant qui se caractérise par une oscillation entre les deux pôles de l'aide et du contrôle : dans un même rapport, le contenu ou des marques de certains énoncés orientent vers l'expression d'un danger qui nécessite une intervention institutionnelle tandis que, parallèlement, voire dans un même énoncé, d'autres contenus ou marques orientent vers l'expression d'une absence de danger. Le paradoxe se définit par ce balancement : les messages ne s'annulent pas mais se succèdent et s'informent mutuellement. Les éducateurs développent des « stratégies d'oscillation entre affirmer et modaliser/dire et ne pas dire » (Rousseau 1997 : 250)[1]. Pour Y. Barel (1988), l'oscillation est, avec le compromis et le compartimentage, un des moyens de gérer un paradoxe.

La contrainte de la mission des éducateurs, qui impose de tenir les deux pôles de l'aide et du contrôle sans choisir, est, pour Rousseau, maintenue par « une énonciation qui entretient l'indécidable. Il s'agit bien d'indécidable, et non d'indécision, car cette dernière stopperait l'idée de mouvement indispensable à l'oscillation comme stratégie paradoxale » (1997 : 252). Le balancement permet de dépasser les injonctions paradoxales.

Sans se référer à la dialectique aide-contrôle, le psychologue social C. Chabrol met en évidence ce qu'il appelle des cas d'*ambiguïsation* qui actualisent également une forme d'oscillation. L'*ambiguïsation* correspond à « une impossibilité ponctuelle et provisoire à choisir entre des rôles et des stratégies distinctes ou même opposées d'énonciations, c'est-à-dire entre des mises en scène langagières différentes et parfois contradictoires, pour le sujet parlant allocuteur. Il tenterait un *compromis* pour concilier des injonctions inconciliables pour lui dans la situation d'interlocution, à un moment donné » (1985 : 94). Chabrol commente ainsi cet énoncé d'un éducateur à un jeune garçon : « tes rapports avec les gens deviennent disons impossibles dans ce qu'on souhaiterait », en mettant en avant les deux sens de « rapports impossibles » (impossible d'entretenir des rapports/rapports désagréables) ainsi que la rupture syntaxique amenée par le groupe prépositionnel. À travers la tension, prégnante à l'époque, entre l'Éducation Traditionnelle et l'Éducation Nouvelle, Chabrol rattache ce type d'énoncés au souci des éducateurs d'adopter une position excluant tout jugement.

Le maintien de l'oscillation est nécessaire à la pratique de l'éducateur. Trop de contrôle, et la relation avec l'enfant ou la famille se dégrade, ce qui limite l'impact de l'aide.

Cette posture trouve des arguments dans l'identité des éducateurs qui affichent leur « volonté de se démarquer d'un regard jugeant, subversif et inquisiteur » pour privilégier « des considérations positives et évolutives de l'être humain » (Cambon 2009 : 93). Ils mettent en avant un intérêt

---

1. L'analyse des ratures dans les brouillons (projet ANR Écritures ; Université Paris 3, 2010-2014, Resp. G. Cislaru) permet d'ailleurs de constater ces oscillations avec des changements de point de vue assez nombreux, des réglages de l'intensité, voire des changements d'orientation argumentative (Mellet et Veniard 2011).

pour la « difficulté humaine » et leur souci de « réparation » des « problèmes et des souffrances qu'ils avaient pu diagnostiquer » (Cambon 2009 : 90). Nous qualifierons cette posture de « compréhensive » ou d'« humaniste », entendu dans son sens le plus commun de « doctrine qui prend pour fin la personne humaine et son épanouissement » (*Petit Robert*, 2006).

La posture compréhensive met parfois les éducateurs dans des positions intenables (Cambon 2009 : 93) : on peut lui reprocher son ethnocentrisme et sa circularité. Comment proposer à quelqu'un une voie pour sortir de ses difficultés sans le juger ? Sans le juger à l'aune de ses propres normes ? La norme se rappelle toujours aux éducateurs. C'est cette position instable, tendue entre deux objectifs contradictoires dont nous analyserons les manifestations discursives originales.

1.2. Le genre « rapport éducatif »

D'un point de vue générique, le rapport éducatif relève de la sphère des écrits professionnels. Comme tous les écrits au travail (Borzeix et Fraenkel 2001), les circonstances de sa production sont complexes (Delcambre 1997) : il emprunte à d'autres textes (rapports antérieurs, bulletins scolaires), résulte d'une écriture à plusieurs, dresse le bilan d'une période longue (6 mois), est cadré par l'oral de la réunion de synthèse collective où différents points de vue s'expriment et où la ligne argumentative et la conclusion sont décidées. Il s'agit d'un texte évaluatif qui se caractérise par trois fonctions pragmatiques : dresser le bilan de l'observation d'un enfant, analyser sa situation et son évolution et préconiser un mode de prise en charge pour la suite. Il est destiné au juge des enfants, afin de le tenir informé de l'évolution d'un enfant suivi dans le cadre d'une mesure d'Assistance Éducative en Milieu Ouvert (A.E.M.O.) ou, à la fin de cette mesure, afin de lui donner un bilan de la situation et une proposition de préconisation pour la suite. À ce destinataire officiel s'ajoute depuis 2002[2] un destinataire second : « l'usager », à savoir l'enfant et sa famille. Le rapport leur est lu, ce qui peut avoir une incidence décisive sur la relation entre l'équipe et la famille (Matras 2008). Par la suite, le texte peut circuler et être lu par d'autres travailleurs sociaux qui auraient besoin de prendre connaissance de l'histoire de l'enfant.

---

2. Suivant la loi n° 2002-2 du 2 janvier 2002 rénovant l'action sociale et médico-sociale, le décret du 15 mars 2002 institue pour les parents dont les enfants font l'objet d'une prise en charge et pour les mineurs « capables de discernement », le droit d'accéder aux pièces administratives et juridiques les concernant.

D'un point de vue linguistique, le rapport éducatif se caractérise par des marques lexicales, énonciatives et syntaxiques spécifiques (Cislaru, Pugnière-Saavedra, Sitri 2008), telles que des routines discursives (Née, Sitri, Veniard 2014), du discours représenté et des temps verbaux (Sitri 2008), des concessions (Garnier 2008), ce qui révèle son rattachement au discours évaluatif (*cf.* Dardy et *al.*, chapitre 3 rédigé par D. Ducard à propos du rapport de thèse). Ces caractérisations du genre ont été induites par un repérage des marques linguistiques les plus saillantes. Nous proposons dans cet article une perspective d'ordre pragmatique qui cherche un équilibre entre déterminations sociales et déterminations linguistiques et discursives.

1.3. Les éducateurs spécialisés et l'écriture

Le métier d'éducateur spécialisé est régulièrement décrit comme étant « en crise » (Cambon 2009 : 19), caractérisé par une identité incertaine, sans corps de références théoriques auquel se rattacher. L'écriture n'échappe pas à ce sombre tableau : les psychologues, par exemple, reprochent aux éducateurs leurs interprétations trop rapides (propos rapportés dans Riffault 2006 : 66), les éducateurs eux-mêmes disent manquer de temps, de langage spécifique, de formation (Riffault 2006 : 38). L'augmentation de la part de l'écrit dans le métier d'éducateur, comme dans d'autres (Boutet 2001a), est récente et il faut noter que les écrits de bilan sont longs (couramment une dizaine de pages) et que les auteurs sont plutôt des personnes de terrain qui ne se destinaient sans doute pas à écrire autant.

Le manque de langage spécifique conduit les éducateurs à avoir recours au langage ordinaire ou bien à des emprunts à différentes disciplines. Ils se sont créés un ensemble de références collectives hétéroclites empruntant (par ordre d'importance, d'après Cambon 2009 : 115) à l'éducation et à la pédagogie spécialisées, à la psychanalyse, à la psychologie sociale et à la sociologie. Ce mélange, selon P. Delcambre (1994 : 7), les laissent « sans assurances dans la confrontation avec d'autres membres de l'équipe, tels que les psys ».

Nous voulons prendre le contre-pied de ce type de discours et mettre en avant l'inventivité des ressources langagières utilisées par les éducateurs pour affirmer une posture compréhensive (voir Gardin 1989 ; Boutet 2008 pour d'autres univers professionnels).

1.4. Corpus

Notre familiarité avec les rapports éducatifs concernant l'accompagnement de mineurs nous vient d'une fréquentation de presque une dizaine d'années à l'occasion de différents projets (Cislaru, Pugnière-Saavedra et

Sitri 2008 ; Veniard 2011, 2012 ; Née, Sitri et Veniard 2014). Ces projets ont été l'occasion de rencontrer des professionnels (éducateurs spécialisés, psychologues, psychiatres, un juge pour enfants) lors des séances de restitution de la recherche. Nous avons également pu assister à quelques réunions d'équipe. Sans constituer une véritable enquête ethnographique, les informations recueillies lors de ces rencontres ont participé à notre compréhension du terrain.

Le corpus sur lequel se base cette étude est composé de plusieurs ensembles. Des rapports collectés dans le cadre du projet ANR Écritures (Paris 3 2011-2014)[3] représentent le corpus principal. Il s'agit de rapports de suivi et de bilan par des éducateurs à propos d'enfants accueillis dans un foyer, ou en séquentiel (chez eux et au foyer, en alternance). Les professionnels de ce service apparaissent marqués par la psychanalyse dans leur pratique. Ils accordent un grand soin à la rédaction et font preuve de réflexivité sur leurs écrits, ce qui a motivé leur investissement dans le projet ANR. Nous ferons référence ponctuellement à deux autres corpus : un corpus de rapports éducatifs produits dans un service d'Investigation et d'Orientation Éducative (Ile-de-France) et, pour apporter un éclairage contrastif en terme de genre, un corpus d'entretiens avec des professionnels de l'éducation spécialisée, dont des éducateurs (projet B. Pechberty et P. Robert). Tous les textes ont été anonymisés. L'orthographe a été conservée telle quelle.

2. La préservation des faces

La manifestation la plus visible des contraintes situationnelles qui pèsent sur le genre est la volonté explicite de la part des rédacteurs de ne pas heurter les sentiments des personnes visées par les rapports, soit l'enfant et sa famille. La situation de communication décrite dans la section précédente va amener les rédacteurs à adopter ce que nous pouvons interpréter comme des stratégies de préservation des faces, au sens goffmanien, de « valeur sociale positive qu'une personne revendique effectivement à travers la ligne d'action que les autres supposent qu'elle a adoptée au cours d'un contact particulier » (Goffman 1974/2005 : 9).

2.1. Marquage explicite

Quand la justice et/ou les services sociaux interviennent dans la vie d'une famille pour assurer que « la santé, la moralité et la sécurité » (art. 375

---

[3]. Ce corpus est disponible sur le site du projet : http://www.univ-paris3.fr/anr-ecritures-96530.kjsp

du Code civil[4]) d'un mineur soient protégées, le risque est grand que les parents considèrent cette action comme intrusive et menaçant leur face positive de parents responsables. Anticipant sur de telles réactions, les éducateurs inscrivent explicitement dans les rapports, et tout particulièrement dans la conclusion, le fait qu'ils ne déconsidèrent pas les efforts faits par les parents pour s'occuper de leurs enfants. L'extrait qui suit est exemplaire :

(1). Madame Perrot souffre elle-même de troubles psychiques qui rendent sa vie assez instable. Emmanuel manque de repères. Toutefois, Madame Perrot s'est installée dans un appartement à Bourges et elle semblait prendre son traitement plus régulièrement. Il paraît difficile pour elle de comprendre le sens des difficultés de son fils. Elle a tendance à lui renvoyer la responsabilité des problèmes relationnels qu'ils rencontrent.
Tout ceci laisse Emmanuel, à certains moments, dans une grande instabilité, une incertitude sur son quotidien de vie, ainsi que dans une grande solitude.
La relation affective est réelle avec chacun de ses parents.

En dépit de la description des difficultés de la mère à s'occuper de son fils, et la mention, plus haut, que le père ne s'occupait de lui que pendant les vacances, le rédacteur juge important de préciser que les liens affectifs de l'enfant avec ses parents ne sont pas brisés à travers une triple mise en valeur : par l'adjectif « réelle », par l'isolement syntaxique (une proposition indépendante) et textuel (paragraphe d'une seule ligne).

Ce marquage explicite du maintien du rôle parental[5], sans doute plus destiné aux parents et à leurs enfants qu'au juge, participe de la protection des faces. Il est renforcé par des stratégies plus discrètes.

2.2. Euphémismes

À côté de précisions apportées dans la description de certains faits, ces écrits comportent de nombreux euphémismes, au sens d'unités linguistiques (vocables, périphrases) qui, en contexte, présentent une réalité désagréable sous un jour atténué. Ainsi on peut trouver la mention que

---

4. L'article 375 du Code Civil stipule que : « Si la santé, la sécurité ou la moralité d'un mineur non émancipé sont en danger, ou si les conditions de son éducation ou de son développement physique, affectif, intellectuel et social sont gravement compromises, des mesures d'assistance éducative peuvent être ordonnées par justice à la requête des père et mère conjointement, ou de l'un d'eux, de la personne ou du service à qui l'enfant a été confié ou du tuteur, du mineur lui-même ou du ministère public. »
5. On peut lire dans un autre rapport, après la mention, grave, de « la question d'une délégation d'autorité parentale » au sujet de la mère : « Cela ne met nullement en cause le souhait qu'à Madame Dumont d'aller mieux et de pouvoir s'occuper de ses enfants mais la réalité concrète est toute autre ».

les éducateurs « *interviennent* pour qu'[un jeune] modifie son comportement » (nous soulignons) là où on aurait pu avoir « remettre à sa place » ou « réprimander ».

Le vocable *difficulté*, très fréquent dans le corpus (128 occurrences, contre 23 de *problème* par exemple, singulier et pluriel confondus), est la source de nombreux effets d'euphémisme, aussi bien en raison de son sens (grande extension référentielle, cf. 2a) que de par sa syntaxe (actants implicites, cf. 2b) :

> (2a) : Concernant ses affaires et son espace personnel, Houria est toujours en difficulté pour les investir et en prendre soin.

> (2b) : Après avoir été accueilli de juillet 2005 à février 2009, chez Monsieur et Madame Girardin, famille d'accueil, Robert a été accueilli chez Monsieur et Madame Gardon, suite aux difficultés rencontrées dans sa prise en charge.

La généralisation portée par ce nom va de pair avec une perte de la référence : en 2a, faut-il comprendre que l'enfant ne range pas ses affaires ? Qu'elle les casse ? Les perd ? Le flou référentiel ne permet pas de caractériser l'éventuelle gravité des faits. En 2b, l'actant qui rencontre les difficultés (l'expérienceur) n'est pas précisé. Le cotexte permet de reconstituer qu'il s'agit probablement de M. et Mme Girardin et on peut gloser le syntagme par « les difficultés rencontrées par M. et Mme Girardin dans leur prise en charge de Robert ». Sans vouloir exagérer l'incertitude générée pour un lecteur familier de ces textes, le flou est linguistiquement présent.

L'euphémisme enfin émerge quand le nom *difficulté* est modifié par un adjectif relationnel (*familial, relationnel, scolaire, éducatif*), qui produit un effet de flou plus marqué dans la mesure où il entretient des relations très polysémiques avec le nom recteur, alors même que le syntagme institue une sous-classe dénominative (Bosredon 1988). Quand l'adjectif est dérivé d'un verbe, il est possible de reconstruire le prédicat et l'actant. Ainsi, « Madame Dumont reste dans une grande difficulté organisationnelle » s'interprète comme : « Mme Dumont éprouve des difficultés à s'organiser ». Mais dans les cas où l'adjectif, renvoie à un domaine (*scolaire, familial*), la reconstruction est plus délicate. Ainsi, les « difficultés familiales » sont des difficultés au sein de la famille, c'est-à-dire des difficultés entre les membres de la famille ? Des difficultés causées par la famille ? Dans l'énoncé suivant, « Germaine a tendance à se sentir fautive au regard des difficultés familiales et à réprimer ses besoins », le syntagme recouvre : des soupçons de maltraitance envers l'enfant, des parents dépassés par leur enfant, certains éléments de leur mode de vie (télévision toujours allumée avec un volume élevé, volets souvent fermés), le sentiment de persécution des parents, leur propre histoire personnelle, leurs rapports avec les services sociaux.

Dans ce cas, l'effet de flou est bien plus important, et cela explique qu'un mot tel que *difficulté* soit stigmatisé dans les conseils de rédaction (Huyette 2003). Nous voyons deux explications à sa fréquence : la valeur typologique du SN (det-*difficulté*-Adj relationnel) qui construit une sous-classe de « difficultés » récurrentes dans le champ disponible pour l'observation et la rédaction, et l'effet euphémistique produit par le mot. Le rédacteur protège sa relation avec l'enfant et sa famille, mais se protège lui aussi d'une réalité parfois brutale et compte sur la familiarité du juge avec ce type d'écrits et de situations pour comprendre.

2.3. L'ambiguïté pour servir la dialectique aide-contrôle

Le caractère flou des mots abstraits ne se limite pas à produire un effet d'euphémisme. Il peut servir de voie à l'expression du paradoxe aide-contrôle en favorisant une ambiguïté entre deux interprétations. Nous le montrerons en nous appuyant sur les syntagmes concernant la qualification du comportement des jeunes. Le comportement fait partie des critères d'évaluation des éducateurs : est-il *adapté* ou non ? *Problématique* ? Pose-t-il des *problèmes* ? Hors contexte, le syntagme *un problème de comportement* est ambigu. Faut-il comprendre :
– simplement que « l'enfant X *a* des problèmes à adopter un comportement adapté » ? (interprétation A, pour « avoir »)
– ou, en plus, que « l'enfant X *pose* des problèmes à Y à cause de son comportement » ? (interprétation P, pour « poser »).

Grâce au contexte entier des rapports, cette ambiguïté interprétative est levée : les *comportements problématiques* ou les *problèmes de comportement* sont dans le corpus des problèmes *posés* aux autres (enseignants, éducateurs). Par exemple : « Son comportement est problématique : il n'est pas toujours présent en cours ou exclu » (rubrique scolarité).

Le cas du quasi-synonyme *difficulté* est plus riche car il permet une oscillation entre les deux interprétations, Avoir et Poser.

(2). Rubrique Scolarité
Depuis septembre 2009 elle est en cm2 à l'école primaire de Hatourt. Jacqueline présente des difficultés de comportement important qui nécessite des interventions éducatives régulières de la part de ses instituteurs.

(3). À son niveau, Madame BOULANGER décrira les difficultés comportementales d'Étienne qui lui échappait, fuguait, s'opposait à elle. Les relations mère-fils apparaissent problématiques.

Le syntagme *des difficultés de comportement* est une ressource pour poser l'interprétation A (« Jacqueline présente [=a] des difficultés », dans l'ex. 2), sans exclure l'interprétation P : « interventions éducatives régulières de la part de ses instituteurs » suggère que le comportement *pose* des problèmes aux enseignants qui doivent agir ; de même les fugues, les confrontations. L'oscillation entre les deux interprétations est parfois très nette.

(4). Scolarité
Les résultats scolaires de Didier ne sont pas excessivement mauvais mais il éprouve des difficultés en mathématiques. De ce fait nous lui proposons un soutien scolaire depuis le début du mois de mars. Ses comportements difficiles dans le cadre scolaire font qu'il ne peut pas suivre correctement sa scolarité et qu'il accumule les lacunes. Ceci risque de lui poser problème pour l'obtention de son brevet.

(4') Conclusion (même dossier)
Didier reste un enfant fragile, à la personnalité assez complexe. Cette année a été une année assez difficile pour Didier sur le plan du comportement et cela s'est principalement ressenti dans le cadre scolaire et au sein de la famille d'accueil.

Le premier syntagme « des difficultés en mathématique », introduit par le verbe *éprouver*, relève clairement de l'interprétation A (avoir). Mais l'ambiguïté naît dans la description du comportement de l'enfant, qui se caractérise par plusieurs expulsions scolaires de quelques jours, de l'agitation et un manque de respect à l'égard de ses camarades et professeurs. Ces éléments sont anaphorisés par « ses comportements difficiles dans le cadre scolaire » puis exprimés en conclusion par « une année assez difficile pour Didier sur le plan du comportement ». D'une rubrique à l'autre, on passe d'une interprétation P (reformulation possible : « Didier pose des difficultés aux autres à cause de ses comportements ») à une interprétation A (reformulation possible : « Didier a des difficultés à se comporter correctement »).

Les expressions articulant *difficulté-difficile* et *comportement* sont rares dans le corpus, les *problèmes de comportement* étant la norme. Toutefois elles apparaissent dans des discours institutionnels du champ éducatif[6]. Elles expriment la tension entre l'aide et le contrôle, chacune des deux interprétations pouvant être rattachée à un des deux pôles : l'interprétation Avoir au pôle Aide et l'interprétation Poser au pôle Contrôle.

---

6. Par exemple dans des brochures adressées aux enseignants diffusées par certaines académies (Nancy, Dijon).

Plus généralement, ce mot, vague, fréquent et apparaissant souvent en série d'occurrences regroupées comme plus haut (voir Née, Mc Murray, Fleury 2012), constitue une ressource riche pour les éducateurs par l'effet euphémistique produit et parce qu'il rend possible une oscillation fluide entre les deux pôles du paradoxe. Cette oscillation, centrale à la construction discursive de la posture compréhensive, est sous-tendue par un principe explicatif.

3. Posture compréhensive et causalité

L'examen de la juxtaposition de l'expression des deux pôles du paradoxe a permis de mettre au jour la relation entre eux, la causalité, qui caractérise la posture compréhensive.

3.1. Juxtaposition

L'oscillation entre la posture d'aide et de contrôle se manifeste par une description de la vie de l'enfant tantôt centrée sur son état psychologique, dans une perspective plutôt empathique, tantôt sur des comportements qui, souvent, ont un impact sur d'autres personnes.

> 5. Le fait qu'elle a accaparé, par son agitation et les risques qu'elle encourait, un éducateur sur chaque temps du collectif a renforcé le rejet des autres et a encore diminué leur seuil de tolérance car ils expriment clairement qu'elle perturbe la vie du collectif.
>
> 6. Dans le cadre de la scolarité, sa 3ème dans la section collège agricole de l'institut Levrier à limoges a été marquée par plusieurs exclusions de quelques jours et de remarques incessantes sur son agitation permanente, son manque de respect à l'égard des autres élèves voire des professeurs.
>
> Son éducateur et sa famille d'accueil ont rencontré régulièrement les responsables de la scolarité pour essayer trouver des solutions, répondant à ses difficultés.
>
> 7. Il va mal aussi à l'école où il se montre agité et parfois agressif envers les autres enfants.
>
> 8. Avec sa sœur et son petit frère, il est en difficulté surtout avec Héloïse qu'il ne supporte pas.

Des comportements « non-normés », tels que l'agitation, l'agressivité, le manque de respect ou la colère sont associés à des risques encourus par l'enfant, des difficultés ou au fait d'aller mal. La juxtaposition des points de vue peut prendre des formes variées : les points de vue sont coordonnés (5), se côtoient dans deux énoncés différents (6) ou sont reliés syntaxiquement par une relative (7, 8). Ce positionnement nous semble spécifique des éducateurs spécialisés qui, devant ces comportements « déviants », adoptent un point de vue empathique et vont essayer d'en comprendre les causes.

Des extraits d'un entretien avec une éducatrice[7] analysé dans une perspective linguistique et clinique (Veniard et Pechberty 2015) révèlent la même alternance. Évoquant l'accompagnement (difficile) d'un enfant (difficile), l'éducatrice peine à nommer les événements ou les émotions, ce qui va être l'occasion pour nous d'observer la juxtaposition de deux points de vue. Elle dit de cet enfant ou d'autres jeunes autistes :

un enfant euh/qui avait été renvoyé d'une autre école// avec un passé quand même difficile/un accompagnement difficile

ils ont peut-être des crises aussi de violence/des moments difficiles

l'enfant est dans un état vraiment/pitoyable/rempli d'angoisse

ces grands moments de mal-être de violence d'angoisses

Marc pendant les séjours c'est pas facile/c'est pas facile parce que c'est un enfant bien caractériel/qui a beaucoup de caractère

Marc du coup il a/au lieu de mettre une journée/deux journées à s'en remettre et à être violent et à montrer son mal-être par sa violence par son angoisse/

Dans cette série, on observe la succession entre une désignation centrée sur le point de vue externe des encadrants (en gras souligné : *accompagnement, violence, pitoyable, caractériel*) et un regard empathique qui se manifeste par des désignations centrées sur le point de vue de l'enfant (en gras : *passé, angoisse, mal-être, avoir du caractère*). La juxtaposition de dénominations illustrant chacune des deux fonctions est peut-être une manière de ne pas choisir (ou le signe d'une absence de choix), donc un procédé d'ambiguïsation. On observe toutefois que, dans l'ensemble, le point de vue empathique vient clôturer l'énumération et prendre le dessus. Une telle position permet-elle de le considérer comme le point de vue légitime sans pour autant être revendiqué ?

Le psychologue clinicien engagé dans la recherche, B. Pechberty, analyse à partir des entretiens l'accompagnement de l'enfant par l'éducatrice comme un cas ayant fortement remis en question ses idéaux et son « moi » professionnels. Dans nos termes, on peut dire que ces énoncés révèlent la difficulté de l'éducatrice à affirmer nettement sa posture compréhensive, remise en question par cet enfant.

---

7. Ces extraits sont tirés d'un corpus d'entretiens menés par des chercheurs en sciences de l'éducation avec des éducateurs dans le cadre d'une recherche consacrée à l'expérience d'accompagnement des professionnels de l'éducation, de l'enseignement et du soin auprès de jeunes (préadolescents et adolescents) situés dans le champ du « handicap mental », coordonnés par B. Pechberty et P. Robert.

3.2. Le comportement comme symptôme

Le travail éducatif spécialisé est vu, dans le discours de certains éducateurs, comme un travail « thérapeutique » (Cambon 2009 : 97) et la psychanalyse a remplacé la médecine comme paradigme explicatif dominant (Delcambre 1997 : 210). Dans le cadre de la psychanalyse ou de la psychologie clinique, les comportements sont les symptômes matériels de dispositions intérieures. Un comportement hors norme est alors le symptôme d'un dysfonctionnement interne qui résulte le plus souvent d'événements passés, surtout familiaux, ce qui revient à prendre en considération le rôle des parents dans les difficultés de leurs enfants. L'équation « enfant en danger = parents dangereux » est ancienne. F. Muel-Dreyfus (1983) la fait remonter à la fin du 19ᵉ siècle et à la loi du 24 juillet 1889 qui instaure la déchéance paternelle, les enquêtes sociales et la surveillance des familles.

La recherche de déterminations causales est caractéristique des productions langagières de ce secteur (Delcambre 1997 : 210 ; Chabrol 1994 : 139). La chaîne causale qui constitue la trame sous-jacente et non questionnée des rapports est la suivante :

> Situation S : difficultés de X → comportement inadapté → inquiétude → intervention des services sociaux

La relation de causalité entre des dispositions intérieures et des comportements apparaît avec régularité (nous soulignons en petites majuscules) :

> 9. montrer son mal-être PAR sa violence PAR son angoisse ;

> 10. Les résultats scolaires de Didier ne sont pas excessivement mauvais mais il éprouve des difficultés en mathématiques. De ce fait, nous lui proposons un soutien scolaire depuis le début du mois de mars. Ses comportements difficiles dans le cadre scolaire FONT qu'il ne peut pas suivre correctement sa scolarité et qu'il accumule les lacunes.

> 11. L'arrivée de l'adolescence est un moment très critique chez Didier qui peut se mettre en situation d'exclusion DE PAR ses comportements.

Dans ces exemples, où on retrouve l'alternance des points de vue, un lien explicite est noué entre un comportement hors-norme (violence, angoisse, comportement inadapté) et une cause (9. le mal-être) ou une conséquence (10. les lacunes) malheureuse pour le jeune.

La source des difficultés est généralement cherchée dans les parents. Dans l'extrait suivant, on relève une première relation causale explicitée par le verbe *rendre* entre des *troubles* de la mère et un comportement inadapté, qui est lui-même la cause implicite du *manque de repères* chez l'enfant.

(12). Madame Perrot souffre elle-même de troubles psychiques qui rendent sa vie assez instable. Emmanuel manque de repères.

La chaîne causale implique les éducateurs dans la mesure où leur travail est influencé par l'attitude du jeune :

(13). Conclusion de l'accompagnement éducatif :
La prise en charge éducative d'Emmanuel continue d'être très délicate du fait de ses troubles psychiques, qui peuvent émerger de façon plus aiguë à certains moments, en raison d'une problématique familiale complexe.
Les troubles du jeune, nés de la « problématique familiale complexe », génèrent, pour les éducateurs, une prise en charge « délicate ». Le fonctionnement causal est récursif : la *problématique familiale complexe* est elle-même née d'une situation particulière pour les parents, qui est à l'origine de difficultés, qui provoquent des comportements inadaptés, qui, à leur tour, etc.

La posture compréhensive repose sur cette relation causale explicative : les éducateurs acceptent, comprennent et expliquent le comportement « non normé » des jeunes qu'ils accompagnent. Ils ne viennent pas à ce métier pour faire rentrer dans la norme des personnes en marge, mais pour « réparer » (Cambon). Toutefois, la position de contrôle fait inévitablement partie du métier. Nous faisons l'hypothèse que la posture compréhensive rend acceptable la position de contrôle, car elle comporte une explication des actes « déviants », hors-normes. Cette explication, qui puise ses sources dans les théories « psy » au sens large permet le dépassement de la tension aide-contrôle, rendant ainsi possible le travail des éducateurs.

3.3. Condensation des points de vue et interdiscours juridique

Une autre manière de gérer les deux pôles de la dialectique est la réduction de l'altérité par la condensation qui permet la réalisation linguistique du compromis, la réduction de la tension entre les deux pôles par sa négation. Dans les exemples rassemblés au sein de cette section, on observe un lien syntaxique direct entre chacun des pôles. Ce premier groupe d'extraits présente la particularité de concilier les deux points de vue dans une structure prédicat-complément (avec un prédicat verbal ou sous forme de nominalisation déverbale), dans des expressions qui semblent assez répétitives et correspondent sans doute à une routine discursive (au sens de Née, Sitri, Veniard 2014[8]).

---

8. Une routine discursive consiste en la mise en relation de séquences linguistiques récurrentes, partiellement figées (les patrons) avec des déterminations discursives et des fonctions textuelles propres à un genre ou une sphère d'activité.

14. Elle a pu quitter sa position de soutien à sa mère pour s'investir dans des activités personnelles (danse), dans sa scolarité et se protéger ainsi des difficultés importantes de madame Dumont.

15. Marine est en demande auprès du service (éducateur, psychologue) qui est bien identifié comme médiateur et protecteur dans les difficultés familiales. [...]
Elle compte sur le [nom du service] pour la mettre à distance des problèmes de sa mère et supporter sa demande de protection.

16. Il y a toujours nécessité de les mettre à distance importante de la problématique familiale et surtout des difficultés maternelles qui ne sont toujours pas résolues après presque 5 années de placement au [service] et le maintien du placement pour une période de 2 ans au minimum est essentiel à leur stabilité.

Le prédicat étant porteur d'un sème de protection devant un danger (*se protéger, protecteur, mettre à distance*), le complément devrait comporter un sème/danger/. Or, au lieu de l'expression d'un danger, on relève *difficulté, problème, problématique*, qui, tous ont pour référence des entités abstraites qui ne sont pas, en dehors de ce contexte, associées au danger. Significativement, l'actant expérienceur dans les extraits ci-dessus est le parent, qui peut, dans le contexte de la protection de l'enfant, être une source de danger pour son enfant, volontairement ou par négligence (voir les enchaînements causaux en 3.2). Toutefois, l'expression du danger reste indirecte, donc implicite et c'est de l'expression d'un nom porteur d'un point de vue empathique (pôle Aide) qu'est suivi le prédicat exprimant le danger et ouvrant vers un point de vue coercitif (on protège : on met à l'écart), donc relevant du pôle Contrôle, dans la mesure où on aide les enfants en contrôlant les parents. L'effet est plus marqué avec *difficulté* qu'avec *problème*, le premier étant plus empathique dans la mesure où c'est l'individu qui est le point de repère du manque tandis qu'avec *problème*, c'est la norme sociale qui sert de point de repère (Veniard 2008).

Par contraste, l'énoncé suivant : « Par ailleurs, il apparaît évident qu'elle souhaite de plus en plus se protéger des risques de rencontres d'une mère dont elle craint l'état physique ou psychique au moment de leur rencontre », est explicite quant à la mention du danger.

La construction de type *protéger des difficultés de la mère* permet de préconiser une solution ou une mesure visant la sécurité du jeune tout en laissant implicite la notion de danger, et sa causalité. Du point de vue de la dialectique Aide-Contrôle, cette construction renvoie à une pratique de contrôle tout en ayant les apparences de l'Aide. Par ailleurs, nous faisons l'hypothèse que la présence explicite ou sous-jacente d'un sème de danger renvoie à l'article 375 du Code Civil (voir note 6, section 2.1) et que l'expression du danger, et de son pendant, la protection actualisent un interdiscours juridique dont la présence s'explique par le destinataire principal de ces écrits (le juge).

Discussion

À l'issue de cette étude, nous avons montré que le genre « rapport éducatif » est propice à l'émergence d'euphémismes et aux stratégies de gestion du paradoxe. Une question émerge toutefois, à la laquelle nous ne prétendons pas répondre, mais qui mérite d'être posée : si les phénomènes décrits ici ont été observés au niveau du genre, celui-ci est-il pour autant un paramètre explicatif ? Si c'est le cas, ce n'est pas un paramètre unique. Nous avons, au fil des analyses, envisagé trois facteurs explicatifs. Le premier est la visée pragmatique du genre : dans ce texte évaluatif, le rédacteur cherche à adopter une position équilibrée, mesurée et non-stigmatisante, qui garantit sa crédibilité en tant qu'évaluateur dans le domaine de la protection de l'enfance. Le second, également relevant du genre, est la situation de communication et la pluralité des destinataires, qui justifie des procédés d'adoucissements de préservation des faces dans ce genre. Enfin, un paramètre qui dépasse le genre, à savoir l'identité professionnelle des éducateurs, leurs représentations et ce qu'ils disent de leurs motivations (aider, accompagner) et qui les conduit à adopter une posture compréhensive face aux personnes suivies et à leurs comportements. Il nous semble difficile de considérer tel ou tel paramètre comme la variable explicative unique.

C. Chabrol ayant fait des observations similaires sur de l'oral conversationnel (rapportées dans la section 1), il est fort possible que le genre soit un niveau d'observation mais pas un (le seul) principe explicatif. Nous convoquerons un autre exemple pour justifier la pertinence de ce questionnement. Il s'agit d'une affiche récente présentant le numéro de téléphone national destiné à recevoir le signalement d'enfants en danger. Elle comporte le slogan suivant : « Enfants en danger ? Parents en difficulté ? Le mieux c'est d'en parler » (Allô Enfance en danger 119) qui actualise le lien causal implicite parents/enfants et l'absence de stigmatisation des parents.

Si certains phénomènes se rattachent sans conteste au genre, ainsi l'interdiscours juridique, on peut se poser la question au sujet des formes d'euphémismes et de concaténation. Certes, elles sont déterminées par une contrainte pragmatique du genre, celle des destinataires, ce qui oblige à des « acrobaties », mais on ne peut pas exclure a priori qu'elles soient déterminées, plus largement, par la posture compréhensive adoptée par les éducateurs. Celle-ci se manifeste dans le genre du rapport éducatif mais n'y est pas limitée : elle trouve à s'exprimer dans d'autres genres, plus ou moins formalisés. Elle est d'ailleurs revendiquée par les éducateurs et se manifeste, par exemple, par l'adoption d'un raisonnement « psy » axé sur l'interprétation de certains faits comme des symptômes d'un « mal-être » psychique. Bien sûr, pour nous, la posture compréhensive constitue une catégorie endogène qui reflète le point de vue des éducateurs. Nous n'en évaluons pas la qualité.

Se pose alors la question de la nature de cette détermination : la posture compréhensive pourrait être la manifestation d'un ethos professionnel, au sens d'une image de soi capable de convaincre un auditoire en gagnant sa confiance (Amossy 2006 ; Maingueneau 2014). Cet ethos impliquerait, entre autre, une envie de réparer, le refus des jugements, un intérêt pour la difficulté humaine (voir Cambon 2009 : 85-96). Si on décrivait l'ethos des éducateurs selon les trois dimensions qui caractérisent la notion (Maingueneau 2014), on pourrait considérer la profession d'éducateur comme niveau catégoriel, au niveau expérientiel, un monde éthique organisé autour de l'empathie et de la norme, et au niveau idéologique, une position humaniste caractéristique de la gauche qui cherche à ne pas stigmatiser et met en avant les possibilités que chacun a d'évoluer. Pour confirmer l'existence d'un ethos professionnel propre à la communauté des éducateurs, une analyse transgénérique serait nécessaire, ce qui révélerait soit un ethos transgénérique, soit, au contraire, une articulation entre ethos et genre.

Nous avons cherché à caractériser l'écriture des éducateurs telle qu'elle se manifeste à travers des caractéristiques pragmatiques que l'on peut relier à des formes linguistiques et discursives : une position excluant le jugement sur la personne exprimée par des euphémismes, une attitude compréhensive révélée par l'exploitation de l'indétermination actantielle de *difficulté*, et la recherche d'explication mise en lumière par le marquage de la causalité et la conciliation des points de vue. On retrouve, dans les ressources utilisées par les éducateurs, le rôle que J. Boutet attribue à la créativité langagière au travail, à savoir qu'elle « revient bien à construire des points de vue distincts sur le monde, à énoncer des jugements de valeur propres et à modifier les évaluations sociales » (2001b : 197).

Différentes pistes émergent à l'issue de ce travail. La première est la question de la formation : comment cette langue spécifique est-elle acquise ? Grâce à la formation en psychologie/psychanalyse/psychiatrie ? À des interactions avec des professionnels en exercice ? Une deuxième piste concerne l'euphémisme, qui, demande à être décrit dans son caractère situé. Les syntagmes ou énoncés à effet euphémique prennent des formes qui s'inscrivent dans les contraintes discursives (la dialectique Aide-Contrôle, l'interdiscours juridique) qui régulent le genre. Plus théorique, la question de l'articulation de l'ethos au genre dans les discours professionnels mérite également d'être posée.

Références bibliographiques

Amossy, R. (2006), *L'argumentation dans le discours*, Paris, Armand Colin.

Barel, Y. (1988), « Du bon usage du paradoxe dans la pensée et la pratique sociales », *Pratiques de formation, analyses*, 16, p. 13-26.

Bosredon, B. (1988), « Un adjectif de trop : l'adjectif de relation », *L'information grammaticale* 37, p. 3-7.

Boutet, J. (2008), *La vie verbale au travail*, Toulouse, Octarès Éditions.

— (2001a), « La part langagière du travail : bilan et évolution », *Langage et société* 98, p. 17-42.

— (2001b), « Les mots du travail », dans A. Borzeix & B. Fraenkel, éds, *Langage et Travail. Communication, cognition, action*, CNRS Éditions, Paris, p. 189-202.

Borzeix, A. & Fraenkel, B. (2001), *Langage et travail*, Paris, CNRS Éditions.

Branca-Rosoff, S. & Torre, V. (1993), « Observer et aider : l'écrit des assistantes sociales dans les 'Demandes d'intervention' », *Recherches sur le français parlé* 12, p. 115-135.

Cambon, L. (2009), *L'identité professionnelle des éducateurs spécialisés. Une approche par les langages*, Rennes, Presses de l'École des Hautes Études en Santé Publique.

Cislaru, G., Pugnière-Saavedra, F. & Sitri, F. (éds) (2008), *Les Carnets du Cediscor*, 10, « Analyse de discours et demande sociale. Le cas des écrits de signalement ».

Chabrol, C. (1994), *Discours du travail social et pragmatique*, Paris, Presses universitaires de France.

— (1985), « Fonctions régulatrices de la parole : une réunion d'internat rééducatif », *Connexions* 46, p. 83-98.

Dardy, C., Ducard, D. et Maingueneau, D. 2002, *Un genre universitaire : le rapport de soutenance de thèse*, Lille, Presses universitaires du Septentrion.

Delcambre, P. (1997), *Écriture et communications de travail. Pratiques d'écriture des éducateurs spécialisés*, Villeneuve d'Ascq, Presses universitaires du Septentrion.

— (1994), « Des écrits professionnels à l'écriture d'établissement », *Forum* 68, 3-10.

Gardin, B. (1989), « Machine à dessiner ou machine à écrire ? La production collective d'une formulation », *Langages* 93, p. 84-97.

Garnier, S. (2008), « L'évaluation dans les rapports de signalement », *Les carnets du cediscor* 10, p. 79-91.

Glady, M. (2011), « Pratiques d'accompagnement des demandeurs d'emploi. L'apport de la sociologie du langage », *Langage et société* 137, p. 17-45.

Goffman, E. (1974/2005), *Les rites d'interaction*, Paris, Les éditions de Minuit.

Huyette, M. (2003), *Guide de la protection judiciaire de l'enfance - cadre juridique, pratiques éducatives, enjeu pour les familles*, Paris, Dunod, 553 p.

Maingueneau, D. (2014), « Retour critique sur l'ethos », *Langage et société* 149, p. 31-48.

Matras, M.-T., 2008, « Les mots qui blessent », *Les carnets du Cediscor*, 10, p. 137-143.

Mellet, C. & Veniard, M. (2011), « An argumentative approach to drafts: from description to evaluation », communication au colloque *IPRA (International Pragmatics Association)*, 3-8 juillet 2011, Grande-Bretagne.

Muel-Dreyfus, F. (1983), *Le métier d'éducateur. Les instituteurs de 1900, les éducateurs spécialisés de 1968*, Paris Les éditions de Minuit.

Née, E., Sitri, F. & Veniard, M. (2014), « Pour une approche des routines discursives dans les écrits professionnels », Actes du colloque CMLF, juillet 2014, Berlin, http://www.shs-conferences.org/articles/shsconf/abs/2014/05/shsconf_cmlf14_01195/shsconf_cmlf14_01195.html. (consulté le 19/01/2015)

Née, E., Mac Murray, E. & Fleury, S. (2012), « Textometric explorations of writing processes: a discursive and genetic approach to the study of drafts », Actes du Colloque JADT 2012. En ligne: http://lexicometrica.univ-paris3.fr/jadt/jadt2012/Communications/Nee,%20Emilie%20et%20al.%20-%20Textometric%20Explorations%20of%20Writing%20Processes.pdf (consulté le 19/01/2015)

Pugnière-Saavedra, F., Sitri, F. & Veniard, M. (éds) (2012), *L'analyse du discours dans la société. Engagement du chercheur et demande sociale*, Paris, Honoré Champion.

Riffault, J. (2006), *Penser l'écrit professionnel en travail social*, Paris, Dunod.

Rousseau, P. (2008), « La pratique de l'éducateur mise en mots », *Les carnets du Cediscor* 10, p. 37-54.

Rousseau, P. (2007), *Pratique des écrits et écriture des pratiques. La part « indicible » du métier d'éducateur*, Paris, L'Harmattan.

Rousseau, P. (2004), « Le rapport d'A.E.M.O.: un miroir grossissant des paradoxes du travail social », dans Léglise I. (éd.), *Pratiques, langues et discours dans le travail social*, L'Harmattan, Paris, p. 11-27.

de Saint-Georges I. (2011), « Les dynamiques langagières de l'accompagnement », *Langage et société* 137, p. 47-74.

Sitri, Frédérique, 2008, « Observer et évaluer dans les rapports éducatifs: de la représentation d'un dire singulier à la description d'une situation », *Les carnets du Cediscor* 10, p. 95-116.

Veniard, M. & Pechberty, B. (2015), « Approche pluridisciplinaire d'entretiens non directifs dans l'éducation spécialisée: linguistique et psychologie clinique » dans Canut, C. et von Münchow, P. (éds), *Le langage en sciences humaines*, Lambert-Lucas, Limoges, p. 115-129.

— (2011), « Referring to parents in child protection reporting. A pragmatic-discursive study of a sensitive issue », *Pragmatics and Society* II-2, p. 301-327.

— (2008), « Écrire "ce qui ne va pas" dans le champ de l'enfance en danger: les mots *problème(s)* et *difficulté(s)* », *Les carnets du Cediscor* 10, p. 57-77.

Article reçu en février 2015. Révision acceptée en juillet 2015.

Figures du discours et rapport de place dans les lettres de poilus

Anne-Laure Kiviniemi
Université de Tampere,
Anne-Laure.Kiviniemi@uta.fi

Selon Flahault (1978), le sujet se réalise dans la parole et le langage. Or toute prise de parole d'un sujet a pour corollaire inévitable sa prise de place devant l'image qu'il croit que l'autre a de lui: je ne peux dire *qui je suis* qu'en me situant par rapport à *ce que je crois être pour toi*. C'est en ratifiant, en contestant ou en infléchissant l'image que je crois que l'autre a de moi que je peux me définir.

En même temps que je prends place devant cette image que je crois que l'autre a de moi (= que je définis *qui je suis/prétends être pour toi*), je dessine en creux un *qui tu es pour moi*. En me définissant, je définis aussi mon correspondant. Et je soumets le tout (demande de reconnaissance de place) pour approbation au destinataire (idée de co-ratification).

> Étant donné la place d'où je parle, j'assigne une place complémentaire à l'autre et lui demande, en s'y tenant, de reconnaître que je suis bien celui qui parle de ma place (et, bien entendu, il en va de même pour lui). L'acte illocutoire a ainsi été décrit comme une parole qui, loin de se réduire à un simple moyen de communiquer ou de s'informer, est demande de reconnaissance, par le truchement d'une action entreprise à la fois sur ma propre identité et sur celle de l'autre. L'illocutoire […] prend appui sur le « qui tu es pour moi, qui je suis pour toi », y revient, le modifie, en repart ; rien ici n'étant réglé une fois pour toutes. (Flahault, 1978 : 70)

Toute parole est émise d'une place et convoque l'interlocuteur à une place corrélative. La représentation mentale qu'élaborent les interlocuteurs à propos de leurs places respectives fait l'objet d'une négociation qui se perpétue, puisque l'identité est intrinsèquement inconsistante.

La parole des poilus n'échappe pas à ce schéma. Leurs lettres sont même indiquées pour étudier le rapport de place, d'abord en raison du genre auxquelles elles appartiennent : l'épistolaire « s'exerce à négocier le rapport de place initial en s'efforçant de l'infléchir ou de le modifier dans le sens – délibéré ou irréfléchi – du sujet écrivant » (Siess & Hutin, 2005 : 4). Cette inflexion est d'autant plus manifeste que la lettre supporte « un dialogue en différé et hors la vue » (Jaubert, 1990 : 11) ; le scripteur peut ainsi s'exprimer sans subir les aléas de la conversation en face-à-face. Ensuite, l'événement qu'est la guerre a des incidences, et sur les places d'où parlent les correspondants, et sur l'image qu'ils croient que les autres ont d'eux.

L'objectif sera de déterminer comment les scripteurs usent des figures[1] pour concilier, réordonnancer ou infléchir les places qu'ils occupent réellement, prétendent occuper ou s'imaginent occuper car « un acte illocutoire peut s'effectuer aussi bien à partir de la place que réellement nous occupons, qu'à partir d'une place à laquelle nous prétendons, à partir d'une identité que nous nous reconnaissons, mais que l'autre ne nous reconnaît pas nécessairement » (Flahault, 1978 : 49). Si le choix s'est porté sur les figures pour étudier le rapport de place dans les lettres de poilus, c'est parce qu'en attirant l'attention par leur saillance, elles ont paru susceptibles de jouer un rôle clé dans la négociation du rapport de place. Il s'agira ainsi d'étudier le travail réciproque du rapport de place sur la figure (ce en quoi le rapport de place conditionne la figure) et de la figure sur le rapport de place (ce en quoi la figure a un effet retour sur le rapport de place). Nous nous proposons, à la suite de Bonhomme (2005 : 8), « de centrer nos réflexions sur le fonctionnement discursif des figures, en relation avec leur contexte et leur prise en charge par les sujets communiquants ».

Ce travail visera à établir si le lien dynamique entre figures et rapport de place est en raison directe de la dextérité stylistique des scripteurs. L'aptitude des soldats à saisir et à infléchir dans un sens particulier le rapport de place via la figuralité est-elle fonction de leur passé scolaire dans une France qui, fin 19e, juxtaposait deux écoles distinctes diffusant chacune une langue différente : « la langue de la Leçon de choses et la

---

1. « Une figure est une forme discursive marquée, libre et mesurable, qui renforce le rendement des énoncés » (Bonhomme, 1998 : 7).

langue de la dissertation d'idées étaient instituées dans des établissements séparés » (Balibar, 1985 : 406) ? Il importera donc ici de discuter l'hypothèse d'une « déchirure du pouvoir d'expression » (*ibid.*) entre bénéficiaires de l'instruction primaire et bénéficiaires de l'instruction secondaire.

Le rapport entre figures du discours et rapport de place sera étudié, dans le cadre d'une analyse stylistico-pragmatique, à travers des extraits de la correspondance de trois soldats de parcours scolaires différant de par leur longueur et de par leur contenu[2]. Le premier extrait est tiré de la correspondance d'André Fugier, bachelier de l'école privée, à ses parents. Le deuxième relève de l'échange entre Baptiste Lapouge, un peu-lettré de l'école publique, et sa femme Suzanne. Le troisième provient du fonds Rivière : Henri Rivière, certifié de l'école primaire, écrivait à son frère Jules. Seront ici analysés une allusion, un trope implicitatif et un oxymore.

1. L'allusion pour concilier des places discordantes
1.1. Le rapport de place dans l'idéologie républicaine

Partant du postulat selon lequel l'école ne peut être isolée de la « société qui l'engendre et qu'elle contribue à façonner » (Prost, 1968 : 7), Maingueneau (1979) a étudié comment, par son discours et via la langue commune qu'est le français national, l'école diffusait une idéologie. Il a ainsi mis en évidence que le dispositif pédagogique était sous-tendu par « la grande loi de la restitution, du don et de l'échange » (*id.* 98). Autrement dit, l'enfant, lorsqu'il est petit, est faible et démuni : il a besoin de l'assistance de ses parents.

> Mon enfant, tu dois respect, obéissance et amour à ton père et à ta mère. Comment tes parents pourraient-ils t'élever, t'instruire, te diriger comme il faut, si tu ne voulais pas, avant tout te soumettre à leur entière volonté ? Tu ne sais rien, tu ne peux rien par toi-même… ne vois-tu pas dès lors, combien il serait insensé de ta part de vouloir te passer de leur expérience et de leur protection (Hanriot & Huleux dans Maingueneau, 1979 : 97).

Devenu adulte, l'enfant devra se montrer reconnaissant de la protection attentionnée dont il a fait l'objet en adoptant un comportement restitutif, que ce poème de Bouchor exemplifie :

> […] ô mon père, ô ma mère […]
> Vous qui protégez ma faiblesse,
> Je saurai peut-être, à mon tour,
> Par mon tendre et pieux amour
> Vous faire une heureuse vieillesse. (Viala, 1896 : 23)

---

2. Voir Kiviniemi, 2013 sur le même corpus.

« Dans l'école de la IIIe République, le discours de la morale se présente ainsi : l'enfant protégé par sa mère sera un jour citoyen de la République, c'est-à-dire dans les manuels à la fois soldat-protecteur de sa mère-patrie et adulte-protecteur de sa vieille mère » (Maingueneau, 1979 : 115). Prendre les places sociales de bon fils, de bon soldat et de bon citoyen assignées par le dispositif pédagogique est la seule façon de restituer ce dont on a bénéficié pendant l'enfance (Figure 1).

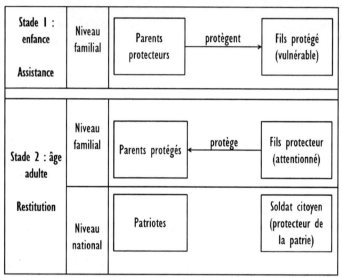

Figure 1. Le rapport de place d'après le discours de la morale de l'école de la IIIe République

Le bon fils est celui que ses parents protègent quand il est petit ; celui qui protège ses parents, qui fait son devoir et défend sa patrie parvenu à l'âge adulte. À la place de bon fils correspondent celles complémentaires de parents protecteurs et de parents protégés ; à celle de soldat citoyen correspond celle de parents patriotes (voir encadré, ci dessous).

1.2. Le rapport de place installé entre Fugier et ses parents

Le parcours de Fugier jusqu'à ce qu'il parte pour le front semble en tout point conforme à cette morale scolaire. Ce fils d'officier, après une scolarisation secondaire brillante, suit les pas de son père et se destine à la carrière militaire : il reçoit une formation accélérée d'officier à Saint-Cyr et part en tant qu'aspirant pour le front en 1915. Ainsi dans sa correspondance à ses parents, Fugier peut parfaitement assumer a priori ses places différentes de bon fils (aimant et obéissant), de soldat défenseur de

> **UNE VRAIE PATRIOTE**
>
> Dans une petite commune des environs de Meaux, le capitaine de la garde mobile du canton se présente à la porte d'une chaumière.
> — « Vous venez pour la mobile ? demanda la vieille femme qui habitait la maison.
> — Oui Madame.
> — Mon mari est mort, et j'ai deux fils à l'armée.
> — Alors je me retire.
> — Mais il me reste le plus jeune.
> — Soyez tranquille, Madame, j'ai le droit de le porter sur ma liste comme soutien de famille. Il peut rester avec vous.
> — Eh bien ! non ! s'écrie la paysanne, qu'il parte aussi puisqu'on a besoin de tout le monde pour empêcher le malheur du pays. » Et elle donne tranquillement le nom de son fils.
>
> E. MULLER.
> *Morale en action*. Edit. Hetzel.

Encadré. Une vraie patriote (Viala, 1896 : 93)

la patrie et de bon citoyen « qui remplit fidèlement ses devoirs et obéit à la loi » (Maingueneau, 1979 : 109), sans qu'elles n'entrent en conflit ou en concurrence, puisqu'elles correspondent à celles que la morale républicaine inculque et à celles que les destinataires veulent le voir assumer. Toutefois, la remarque suivante (*id.* 115) apporte un premier bémol à cet a priori, en soulevant la difficulté qu'il y a à tenir simultanément les places de fils protecteur et de soldat citoyen : « il n'existe pas de relation immédiate, pratique entre ces deux devoirs (militaire et nourricier). On peut même dire que le lien entre les deux devoirs est source de difficultés : être soldat ne contribue pas à assister matériellement » les parents.

D'autre part, si l'on admet que l'identité est intrinsèquement inconsistante et que la demande de reconnaissance de place est un processus, le passage du stade 1 au stade 2 ne peut se faire ni brutalement, ni irrémédiablement. L'évolution du fils protégé au fils protecteur (de ses parents et de sa patrie) doit faire l'objet d'une négociation du rapport de place et d'une co-ratification des protagonistes, l'investissement de la place de fils protecteur impliquant la reconnaissance par les parents de leurs places corollaires de parents protégés/parents patriotes. Le renversement des rôles dans la famille doit faire l'objet de tractations, renouvelées à chaque lettre. Autrement dit l'occupation de places en théorie successives (stade 1/stade 2) ou alternatives (niveau national/niveau familial) se fait en pratique dans un continuum. Ceci génère des discordances (Figure 2 page suivante) : discordances temporelles lorsque des places consécutives sont occupées en synchronie ; discordances situationnelles lorsque des places à traits antagonistes sont occupées en concomitance.

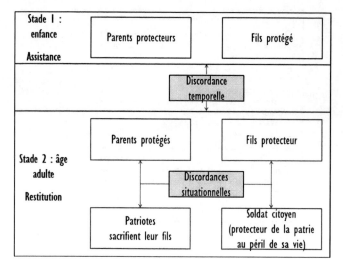

Figure 2. Discordances temporelles et situationnelles

La place de fils protégé est discordante avec celles de fils protecteur et de soldat citoyen (discordance temporelle). Le jeune soldat se trouve à la charnière entre deux places (fils vulnérable ; fils protecteur). Il navigue, dans l'échange épistolier, entre le stade 1 et le stade 2, se montrant ici puéril et demandeur de protection, se faisant là protecteur et mature. Il sollicite, par exemple, l'aide de ses parents pour un changement d'affectation (Fugier_21.07.1916), mais les remet à leur place quand ils se font trop protecteurs.

(1) (Fugier_03.08.1916)
j'ai été absolument furieux quand papa m'a dit avoir écrit au C^{ne} ; [...] ne faites absolument que [x] les démarches que je vous indique[3]

D'autre part, la ratification des places de parents protégés/parents patriotes, nécessaire à la reconnaissance de Fugier comme fils protecteur et soldat citoyen, est douloureuse pour les destinataires car à l'origine d'un renversement des rôles menaçant pour leur face positive[4] (la place de parents protégés les ramène au stade 1 ; celle de patriotes les oblige à donner celui qu'ils ont protégé). Le contexte de correspondance des parents avec leur fils soldat accroît la difficulté : comment se départir d'une attitude protectrice juste au moment où leur enfant est en danger ? Comment encourager celui qu'ils ont protégé à faire son devoir

---

3. [x] indique une rature illisible dans la lettre manuscrite
4. Le terme est de Brown & Levinson (1978).

au péril de sa vie ? L'occupation des places que la morale républicaine préconise peut donner lieu à des déchirements affectifs.

Le jeune aspirant, s'il veut se faire reconnaître les places de fils protecteur et de soldat citoyen, doit faire preuve de doigté dans l'esquisse qu'il réalise en creux de *qui sont ses parents pour lui* de façon à ce que les destinataires ne se sentent pas critiqués ou menacés dans leur rôle de parents et cantonnés au rôle de patriotes. En effet, Fugier, pour tenir la place de soldat exemplaire, doit montrer qu'il accomplit son devoir tout en ayant une conscience aiguë des risques pour sa personne. Il cherche à infléchir l'image de soldat insouciant, qu'il s'est construite au début de la correspondance et qu'il croit que ses destinataires ont de lui pour investir pleinement une place de soldat qui risque sa vie par devoir patriotique et citoyen. Or cet impératif entre en conflit avec celui, corollaire à la place de fils protecteur, de ménager ses parents en taisant les risques qu'il encourt (discordance situationnelle).

1.3. Assumer des places contradictoires en recourant aux deux degrés de la langue

C'est dans le contexte de ce rapport de place installé que le jeune aspirant fait part de l'anecdote suivante :

(2) (Fugier_16.08.1916)
Au PC, j'ai vu le corps d'un aspirant boche tout jeune ; la nuit dernière, il avait conduit une reconnaissance contre nos lignes ; ses hommes ont été abattus dans les fils de fer et lui, ayant seul réussi à sauter dans la tranchée, a été tué d'un coup de baïonnette.

Cette anecdote contient différents niveaux de contenus. On peut ainsi distinguer, par inférence pragmatique, du contenu le plus manifeste « aux couches sémantiques les plus enfouies et aléatoires » (Kerbrat-Orecchioni, 1998 : 14) :

C0	Contenu explicite	Un jeune aspirant allemand a fait preuve d'une abnégation héroïque.
C1	Inférence sous-entendue	Les Allemands aussi peuvent être valeureux.
C2	Comparaison sous-entendue	Même si les circonstances nous ont fait ennemis, nous nous ressemblons : je suis moi aussi un jeune aspirant valeureux.
C3	Allusion	Nous nous ressemblons, nos morts se ressembleront-elles ?

L'anecdote peut donc souffrir différentes interprétations (Figure 3).

niveaux de contenus	Intentions prêtées au destinateur		interprétations envisageables	assignations possibles aux destinataires	places à reconnaître
1er degré C0	→ maintenir le lien	en racontant une anecdote (remplissage) en suscitant chez les destinataires des émotions identiques à celles ressenties : compassion, admiration	littérale	place de parents	fils
2e degré C1	→ montrer qu'il ne se laisse pas endoctriner		tropique 1	place de citoyens	soldat-citoyen
C2	répercussion → susciter la compassion à son égard	avec tact → se montrer attentionné	tropique 2 / tropique 2'	place de parents protecteurs	fils protégé + fils protecteur
				place de parents protégés	fils protecteur + soldat exemplaire
C3	→ susciter l'admiration à son égard			place de patriotes	

Figure 3. Interprétations de l'extrait 2 et effets sur le rapport de place

L'interprétation littérale voudrait que les destinataires accueillent l'anecdote comme telle. Leur fils leur ferait part de son quotidien et les tiendrait au courant des émotions qu'il ressent afin de maintenir le lien entre eux. Ce faisant, il tiendrait sa place de fils et les conforterait dans leur place de parents.

L'interprétation tropique pourrait se baser sur la reconnaissance d'une inférence sous-entendue (interprétation tropique 1), auquel cas le récit de la mort d'un ennemi sur le front en temps de guerre serait pertinent de par l'attitude de l'Allemand. Fugier voudrait montrer que la bravoure est universelle, et ainsi prendre ses distances vis-à-vis du dénigrement systématique envers l'ennemi. Ce faisant, il demanderait à ses parents de lui reconnaître une place de soldat-citoyen, c'est-à-dire d'homme qui, quoique soumis à l'institution militaire, ne renonce pas entièrement aux droits de citoyen que sont la liberté de pensée et la liberté d'expression.

L'interprétation tropique pourrait aussi s'appuyer sur la reconnaissance d'une comparaison sous-entendue (Fugier suggérerait sa ressemblance avec l'Allemand par des traits linguistiques et contextuels) et d'une allusion : l'identité de condition des deux aspirants peut amener à craindre une identité de destin[5] (interprétation tropique 2). Cette interprétation, présupposant que Fugier préfère l'implicite à l'explicite par égard envers ses parents, impliquerait d'abord une reconnaissance de place de fils

---

5. Voir Kiviniemi (à paraître) pour l'analyse détaillée.

attentionné. Le soldat respecterait les codes sociaux en n'évoquant pas explicitement le danger qu'il court. Le second degré en tant que tel peut être interprété de deux manières aux implications différentes en ce qui concerne le rapport de place :
– Interprétation tropique 2' : Fugier, en sollicitant la compassion de ses parents à l'égard d'un homme qui a fait le sacrifice de sa vie par devoir, voudrait par répercussion bénéficier de leur commisération quant à son état semblable d'homme trop jeune pour mourir. Néanmoins, l'auteur de l'acte décrit est allemand et le contexte de guerre devrait empêcher les parents de ressentir de la compassion pour l'ennemi.
– Interprétation tropique 2" : Fugier ferait part à ses parents de son aspiration à un destin identique à celui de l'Allemand en les incitant, par le ton admiratif de la phrase, à louer l'abnégation du soldat boche et donc à tenir leur place de patriotes pour qui le devoir du soldat est de faire passer l'intérêt national avant l'intérêt personnel. Poussés à tenir cette place de patriotes sur l'explicite, les parents ne peuvent qu'accueillir de cette même place le contenu implicite greffé sur la même lettre. L'interprétation du premier degré oblige à tenir une place déterminée ; le second degré ne peut ainsi, par répercussion, qu'être interprété à partir de cette même place.

Les interprétations ne s'excluent pas l'une l'autre, mais, tout comme les niveaux de contenus s'ajoutent les uns aux autres, elles se conjuguent pour donner une impression d'ensemble de conciliation des places. Dans cet extrait, Fugier arriverait à concilier sa place de fils et ses prétentions aux places de citoyen et de protecteur au sens large. En parlant de sa place de fils au premier degré, il réassure (et rassure) explicitement ses destinataires dans leur place de parents. L'explicite lui permet de rester dans une configuration familière, validée par les destinataires et montre qu'il ne prétend pas la réfuter. Ce postulat posé, Fugier va pouvoir tenter, au second degré, d'assigner ses parents aux places de parents protégés, de citoyens et de patriotes, places que les convenances et que leur devoir leur intiment d'occuper. Ainsi tenus d'occuper les dites places, les parents sont poussés à reconnaître les statuts de fils protecteur, de citoyen et de soldat exemplaire de leur fils, et donc son statut d'homme accompli qui l'affranchit de leur tutelle. En résumé, Fugier s'efforcerait d'agir sur la place de ses destinataires pour que le rapport de place entre eux passe du stade 1 au stade 2, et ce sans prendre le risque d'une fin de non-recevoir puisque ne peut être contesté que ce qui est explicitement formulé.

> On a bien fréquemment besoin, à la fois de dire certaines choses, et de pouvoir faire comme si on ne les avait pas dites, de les dire, mais de façon telle qu'on puisse en refuser la responsabilité. […] Dans la mesure où,

malgré tout, il peut y avoir des raisons urgentes de parler de ces choses, il devient nécessaire d'avoir à sa disposition des modes d'expression implicite, qui permettent de laisser entendre sans encourir la responsabilité de l'avoir dit. (Ducrot, 1972 : 5)

Fugier contourne la difficulté dans laquelle sa position, à la charnière entre le stade 1 et 2, le place en jouant sur les deux degrés de la langue. Les différents niveaux de contenus lui permettent, sur la même lettre, d'assumer sa place de fils et de prétendre aux places de fils protecteur, de soldat et de citoyen accomplis, qui lorsqu'elles lui seront reconnues valideront le renversement des rôles.

L'échange épistolier est marqué par cette oscillation entre la place de fils dépendant et celle de fils émancipé et mature. Cette indécision reste irrésolue au terme de la correspondance : Fugier, parce qu'il a tenu sa place de soldat exemplaire, a été amputé et doit subir, du moins temporairement, l'attitude protectrice de ses parents.

(3) (Fugier_13.05.1917)
Je ne cesse de vous répéter que je vais aussi bien que possible. Ne croyez pas que cela ne soit que pour vous tranquilliser – c'est absolument exact […].

2. Le trope implicitatif[6] pour ré-agencer les places occupées

(4) (Lapouge_26.05.1916)
enfint mas bonne Suzette puisque c'est ainsi faut pas chercher a comprendre conserver tout simplement son courage dans l'espoir de voir la fint ou tout les survivant pouront allez reprendre chacun la place qui nous attend

Cette phrase manifeste une déviation par rapport au standard en termes de cohésion textuelle, définie par Ernst (2003 : 85) comme un sous-type de cohérence. La cohérence est :

le fait de constituer un texte "cohérent" et non un amas de mots et/ou de syntagmes sans lien textuel entre eux. Cet effet est produit a) par notre connaissance du monde, des liens de cause à l'effet, de temps, de lieu, des liens sémantiques qui existent entre les différents concepts, ainsi que de la pragmatique d'une société déterminée où est né le texte en question ; b) par des moyens grammaticaux qui garantissent la textualité d'une suite de phrase, comme l'anaphore, la position des mots […]. C'est ce dernier sous-type de cohérence qu'on désigne, en général, par le terme de "cohésion".

---

6. Le terme est de Kerbrat-Orecchioni (1998 : 116). Il y a trope implicitatif « chaque fois qu'un contenu présupposé ou sous-entendu apparaît en contexte comme le véritable objet du message à transmettre ».

Dans l'exemple 4, les normes de textualité standard exigeraient le pronom *les* à la place du pronom *nous* ou *nous les survivants* à la place de *tout les survivants*. Or Lapouge opte (lapsus, choix intentionnel ou méconnaissance des règles) pour *nous*, ce qui laisse au lecteur deux possibilités interprétatives :
nous = je + les survivants
nous = je + les soldats

2.1. Les deux possibilités interprétatives
La première possibilité consiste à appréhender le *nous* comme pronom anaphorique. Si l'on se fie aux normes enseignées à l'école de la IIIe République, la référence du pronom serait à chercher dans le cotexte gauche immédiat, soit dans le syntagme *tout les survivant*. Lapouge se placerait dans la catégorie des survivants, condition ultérieure à la condition de soldat qui est la sienne à la rédaction de la lettre. La conscience qu'il a de l'incertitude de sa condition future (« survivant » véhicule l'idée de grand danger et « espoir » implique l'imprévisibilité de l'avenir) ne l'empêcherait pas de se projeter dans l'avenir qu'il se souhaite. L'anticipation chronologique permet de faire l'impasse sur l'alternative *soldat mort* pour ne sélectionner que la place de *soldat survivant* comme place succédant à celle de *soldat combattant*. La successivité des actions est écrasée au profit du résultat espéré, ce qui produit un effet de « raccourci référentiel »[7] et fait surgir une vision décalée du réel. Cette condensation discursive s'accompagne d'un changement de point de vue (« raccourci énonciatif »[8]). Il y a disjonction entre un point de vue neutre-actuel introduit par *faut* et un point de vue subjectif-prospectif dont témoigne le pronom *nous*. L'« énonciateur épouse momentanément un point de vue et l'abandonne ensuite au profit d'un autre » (Salvan, 2008 : 82). Le lecteur doit « combler le trou dans la narration et opérer le changement de focale » (*id.* 83). Cette première interprétation fait remplir à l'énoncé 4 les deux critères qui définissent une tournure métaleptique : « condensation référentielle et sélection d'un point de vue décalé » (*id.* 84).

Au lieu d'attribuer la référence de *nous* à un élément du cotexte immédiat, on peut s'orienter vers une référence issue d'un co(n)texte plus éloigné et supposer que le peu-lettré se conforme au système qui avait cours

---

7. Il y a raccourci référentiel lorsqu'on « donne à voir un référent à un stade postérieur à celui que le contexte laissait prévoir » (Salvan, 2008 : 79).
8. Le raccourci énonciatif consiste à sélectionner un point de vue au détriment d'un autre (*id.* 82).

avant que les grammairiens et les remarqueurs ne fixent « un système de règles pour garantir, par des moyens grammaticaux, la clarté des relations syntaxiques et avec cela la cohérence textuelle » (Ernst, 2003 : 95). Dans le système ancien[9], « le décodage du texte était basé, en grande partie, sur le contexte précédent, avec toutes les possibilités de mauvaise interprétation » (*id.* 95). L'énoncé demanderait « une approche mémorielle de l'anaphore, comme renvoi à un référent saillant [...] présent dans la mémoire immédiate de l'énonciateur » (Fournier, 1998 : 181). Si, dans la lettre du 26 mai, on examine le cotexte éloigné à gauche, seul *hommes* serait susceptible de tenir ce rôle d'antécédent saillant. Il semble toutefois plus vraisemblable que le pronom soit un déictique dont la référence se trouve dans le contexte extralinguistique. La lettre incite à l'emploi des déictiques pour entretenir l'illusion d'une interaction entre individus. Ainsi *nous* ne serait pas à entendre comme reprise des *survivant* au sein desquels Lapouge se classerait faisant ainsi preuve d'un optimisme présomptueux, mais réfèrerait aux soldats en général.

Pour résumer, l'extrait 4 pourrait être reformulé ainsi :
– hypothèse de la tournure à caractère métaleptique
 nous les survivants pourrons reprendre notre place auprès des nôtres une fois la guerre finie
– hypothèse de la référence déictique
 nous les soldats avons tous une place auprès des nôtres qui nous attend

2.2. Une même visée pragmatique

Bien que le pronom puisse faire l'objet d'interprétations différentes, une même visée semble motiver l'extrait, celle qui consiste à faire passer l'état de soldat de Lapouge avant son état de mari.

Dans le cas de la référence anaphorique métaleptique, Lapouge, en faisant coïncider sa place de survivant et sa place de mari, les rejette toutes deux dans un futur hypothétique. Au moment où il écrit, il ne reste plus qu'une place pleinement occupable : celle de soldat risquant sa vie à tout instant. « L'énonciateur métaleptique amène le destinataire à inférer quelque chose à partir d'autre chose : "si je dis X, c'est pour faire entendre Y qui lui est lié par une relation temporelle/logique nécessaire" » (Salvan, 2008 : 84). En formulant le souhait de reprendre sa place de mari dès qu'il sera délivré de ses obligations militaires (contenu explicite),

---

9. Les deux systèmes mentionnés ne sont pas substituables. Le langage des peu-lettrés « atteste de la vie sous-jacente de normes parallèles persistantes » (Klippi & Kiviniemi, à paraître) à côté des normes standard imposées par les élites lettrées.

Lapouge assume implicitement sa place de soldat (contenu présupposé). L'investissement par Lapouge de la figure fantasmatique du survivant sous-entend son occupation réelle et actuelle de la place de soldat.

Dans le second cas, l'utilisation du pronom peut laisser à penser qu'il s'agit d'indiquer que ce ne sont pas seulement les survivants qui ont une place qui les attend, mais tous les soldats, Lapouge compris[10]. Lapouge privilégierait ainsi la pertinence sémantique de son énoncé à sa correction grammaticale[11]. Il s'agirait ici d'un procédé de différenciation pour répondre à un besoin de clarté (Frei, 1982 : 63). L'extrait 4 pourrait être reformulé de la manière suivante : /Une place auprès des siens attend chaque soldat. Seuls ceux qui survivront pourront la retrouver/. L'existence de cette place latente présuppose l'existence d'une place actuelle. Chaque soldat disposerait ainsi 1) d'une place auprès des siens et 2) d'une place de soldat (sous-entendue par *nous* qui désigne la catégorie soldat).

Si le premier cas, celui du « trope [implicitatif] mettant en cause un sous-entendu » (Kerbrat-Orecchioni, 1998 : 121), ne peut être complètement écarté, c'est l'interprétation de l'extrait en « trope [implicitatif] présuppositionnel » (*id.* 116) qui semble la plus convaincante. Dans un cas comme dans l'autre, la place de soldat prévaut sur celle de mari à l'écriture de la lettre. À la classification de valeur qui voudrait que Lapouge tienne sa place de mari en plus haute estime que sa place de soldat, le poilu substitue la classification chronologique qui renvoie dans le passé ou dans le futur hypothétique sa place de mari aux côtés de son épouse, tandis que celle de soldat sur le front est promue au premier rang au titre de son acuité actuelle (Figure 4, page suivante).

2.3. La valeur contextualisante du trope implicitatif

La place de soldat qui risque sa vie est une place que Lapouge est contraint d'endosser, mais qu'il lui est difficile d'assumer dans sa correspondance avec sa femme par considération pour elle. Le cadre de l'échange épistolier entre époux impose à Lapouge de présenter sa place de mari comme première, la place de soldat ne pouvant être considérée que comme une obligation temporaire. Mais dans la perpétuelle renégociation des places qu'impose la correspondance, les protagonistes naviguent entre des exigences antagonistes (Figure 5, page suivante).

---

10. On peut aussi interpréter la phrase comme une tentative pour Lapouge d'assurer sa place. Il lancerait un avertissement à Suzanne : ne t'avise pas de me rem*placer* !
11. Cette dernière génère une déperdition de sens : dans *tous les survivants pourront aller reprendre la place qui les attend*, on perd l'idée que tous les soldats (même ceux qui vont mourir) ont une place qui les attend.

Classification de valeur		
Soldat (place actuelle) - important		Mari (place désirée) + important
Classification chronologique		
Mari	Soldat risquant constamment sa vie (place actuelle)	Mari (place désirée)
Passé révolu	Réalité actuelle	Futur hypothétique

Figure 4. Classement des places chez Lapouge

Scripteur	Destinataire
- doit tenir sa place de mari → donc taire le danger pour ne pas inquiéter la destinataire	- doit tenir sa place d'épouse → donc dire ses inquiétudes pour montrer son attachement
- doit tenir sa place de soldat → donc dire le danger pour montrer qu'il est à la hauteur	- doit tenir sa place de femme de soldat (= patriote) → donc taire ses angoisses pour ne pas affaiblir le moral du soldat

Figure 5. Les places et leurs implications pragmatiques dans la correspondance Lapouge

À une correspondante taisant trop bien ses angoisses, le poilu peut être tenté de réaffirmer sa place de soldat risquant sa vie pour inquiéter la destinataire qui, en retour, en rassurant son époux sur l'attachement qu'elle lui porte, réassurera sa place d'épouse, et réassurera donc ainsi à son mari sa place d'époux.

La tournure est contextualisante au sens où Lapouge, tenant compte de la hiérarchie des places qu'il s'imagine que sa femme lui impute (*qui je suis pour toi* : un mari et accessoirement un soldat), l'infléchit en lui soumettant un classement différent (*qui je prétends être pour toi* : un soldat qui reviendra à la fin de la guerre occuper sa place de mari, sous-entendu *qui je suis actuellement* : un soldat qui risque sa vie à tout instant). Le trope permet un réordonnancement des places : Lapouge assume sa place de soldat tout en ménageant sa femme par l'anticipation sur sa place future à ses côtés.

Le contenu de la lettre du 26 mai entérine cette hypothèse d'inversion hiérarchique des places.

(5) (Lapouge_26.05.1916)
Voici bientot deux moi que nous fesont Face à Verdun […] Ça peut t il durer longtemp comme ceci je ne croit pas car le sacrifice et trop grand […] car des deux côtte chaques jours tombe quelques chose faut avoir vraiment du courage pour voir tant d horeur

En disant les dangers courus, Lapouge investit à plein la place de soldat qui risque sa vie. Cet état de soldat sur le front l'empêche de tenir, comme il le faudrait, sa place d'époux :

bien loing de ce tendre cœur que je cherie depuis des annees lequel que je n aurais jamais dut quitter a bien falut cette terrible guerre pour m en separe

Au printemps 1918, Suzanne tombe gravement malade et les époux vont subir encore plus douloureusement cette prééminence temporaire de la place de soldat sur celle de mari. Le poilu ne peut se rendre au chevet de sa femme ; il doit rester sur le front d'Italie. L'extrait 4 donnera finalement raison au survivant Lapouge qui, en mars 1919, reprendra la place qui l'attendait et ne la quittera plus[12].

3. L'oxymore pour infléchir la place occupée dans l'esprit du correspondant

« L'oxymore est étroitement corrélé aux figures de locuteur/énonciateur construites par le texte et qu'il contribue en retour à modeler ». Mettons la justesse de cette observation de Monte (2008 : 52) à l'épreuve par l'analyse de l'extrait suivant :

(6) (Rivière_31.07.1916)
J'y ai dormi assez bien quoiqu'ayant un peu froid (les nuits sont fraîches) bercé par la <u>douce</u> musique <u>infernale</u> du canon. L'on se fait à tout.

---

12. Les Lapouge formaient un couple uni. Ils ont quitté leur domicile à Laleu au moment de leur vieillesse et se sont installés ensemble à la maison de retraite d'Allassac, où ils sont morts en 1973 et 1975. (D. Delord, communication personnelle)

3.1. De l'originalité de l'oxymore

L'expression *musique infernale* semble correspondre a priori aux termes de cette définition de Rabatel (2008 : 13) : « opposition dans le cotexte des PDV[13] différents co-présents ». Cependant le caractère rebattu de l'expression fait douter de son caractère oxymorique. A-t-on affaire à une opposition de points de vue ou à une simple expression intensive ?

L'exemple 6 combine deux stéréotypes :
1) *bercé par la douce musique* où bercer doit être compris dans son emploi figuré : « être accompagné de façon continue par quelque chose d'agréable » et où musique désigne de ce fait une « combinaison harmonieuse ou expressive de sons » (*Trésor de la langue française, s.v. musique*).
2) *la musique infernale du canon* où l'adjectif *infernal* fait à la fois référence aux clameurs de l'enfer (bruit diabolique) et à l'intensité de la canonnade (bombardement infernal). Et où musique doit donc être compris comme « suite de sons plus ou moins agréables à l'oreille » (*ibid.*).

Ainsi le cotexte à gauche et le cotexte à droite, en investissant le mot musique de deux sens différents, préservent la vivacité de l'oxymore. Il s'agit bien d'une suite de sons à la fois lénifiants parce que répétitifs et continus et angoissants parce qu'intenses et menaçants. L'alliance des deux clichés donne la possibilité au bénéficiaire de l'instruction primaire qu'est Rivière 1) « de réduire les risques d'indétermination du discours et d'en canaliser l'interprétation. [...] plus une figure s'intègre dans des séries paradigmatiques et entre dans la mémoire collective de la langue, plus elle devient clôturante et clarifiante du point de vue de ses effets interprétatifs. » (Bonhomme, 2002 : 12), tout en 2) investissant à plein l'oxymore qui garde entièrement sa force paradoxale. Il y a bien « co-présence dans un même syntagme ou un même énoncé de deux points de vue apparemment contradictoires » (Monte, 2008 : 38).

3.2. Du type d'oxymore

Monte distingue deux cas de figure : l'oxymore polémique à caractère polyphonique où le point de vue du locuteur s'oppose à un second point de vue, et l'oxymore autodialogique à vocation de synthèse paradoxale. A-t-on affaire ici à deux centres modaux aux appréciations divergentes ou au contraire à un seul centre modal assumant la contradiction ?

---

13. Pour « points de vue » définis par Rabatel (2008 : 21) comme les « moyens linguistiques par lesquels un sujet envisage un objet ».

3.2.1. La piste de l'oxymore argumentative

Deux points de vue s'affrontent dans l'exemple 6 : celui qui retient le caractère musical de la canonnade et celui qui évoque son caractère infernal. Le premier, en raison de son caractère politiquement incorrect en temps de guerre, est facilement attribuable à Rivière. Quant au second, il peut être considéré comme une figuration conventionnelle de la canonnade dans la communauté linguistique d'appartenance du locuteur. Se distingueraient donc le point de vue de la doxa et celui de Rivière. La représentation personnelle du réel *douce musique infernale* se juxtapose à la figuration usuelle de la canonnade : *tumulte infernal*, « donnant ainsi à voir le savoir commun sur le monde et le renversement de ce savoir » (*id.* 42). L'expression permettrait à Rivière de se démarquer d'une conception civile de la canonnade et de mettre en avant un point de divergence entre son frère et lui sur l'appréhension d'un phénomène. Cette interprétation pourrait laisser à penser que l'ironie pointe derrière la figure : /vous, à l'arrière, avez l'habitude de qualifier la canonnade d'infernale ; pour moi, qui suis confronté à ses dangers, elle est une douce musique qui compense même l'effet perturbateur de la fraîcheur des nuits sur mon sommeil/. L'oxymore cacherait une demande de Rivière à son frère de reconnaissance de sa place de soldat expérimenté.

3.2.2. La piste de l'oxymore autodialogique

Le second point de vue – celui qui envisage la canonnade sous son caractère insupportable – peut aussi être considéré comme ayant été celui de Rivière sous l'emprise des stéréotypes d'avant-guerre. Le poilu utilise l'adjectif *infernal* à trois reprises dans le corpus. Le 09.01.1915 et le 18.07.1916, on le trouve combiné au substantif *vacarme* pour évoquer le bruit de la bataille. Le 31.07.1916 (exemple 6), Rivière substitue à *vacarme* le syntagme *douce musique*. Il y aurait une inflexion dans la perception de la canonnade.

> [...] les énonciateurs des deux pdv sont le locuteur en t_{-1} et le locuteur en t_0 [...] l'oxymore donne à voir conjointement deux étapes successives de l'énoncé [...] et affirme que ce qui a été dit en t_{-1} reste vrai même quand t_0 apporte un nouveau pdv sur l'objet de discours. (Monte, 2008 : 38)

En t_{-1}, Rivière qualifie la canonnade de *vacarme infernal* ; en t_0 (moment de l'énonciation), elle devient une *douce musique infernale*. Sans répudier son caractère bruyant et intolérable, le poilu lui ajoute une valeur lénifiante montrant ainsi son accoutumance à la fureur des combats. L'oxymore permet de synthétiser deux perspectives observationnelles mutuellement incompatibles a priori. Le soldat transmet son ressenti actuel sans opérer de rupture avec son ressenti précédent pour amener le destinataire à comprendre son cheminement psychologique et à épouser « sa vision du monde au point de ne plus identifier l'alliance de mots comme caractérisation incongrue ou même idiosyncrasique mais comme caractérisation hyperpertinente » (Gaudin-Bordes & Salvan, 2012 : 19), c'est-à-dire parfaitement appropriée au contexte. Le point de vue englobant permettrait au locuteur de rendre cohérente son évolution de soldat subissant la guerre contre son gré à celle de soldat désabusé. Cette hypothèse est confirmée par la prise en compte d'un contexte plus large.

3.3. Du lien dynamique entre le rapport de place et l'oxymore

La correspondance du soldat nous apprend que, parti sur le front dès le début du conflit, Rivière est hospitalisé en 1915 pour troubles fonctionnels du cœur. Transféré en Bretagne le 20 mars, il y restera jusqu'en mai 1916, date à laquelle il doit retourner au front. Le 31 juillet 1916, cela fait trois mois qu'il est de nouveau combattant. La figure est donc à remettre dans le contexte d'un décalage entre le soldat que Rivière est et le malade qu'il a été. En tant que malade, Rivière avait l'espoir de ne plus devoir être soldat. Il s'est d'ailleurs activement employé à éviter le front. Les diverses stratégies d'évitement dont il fait part à son frère lui confèrent une image de soldat malgré lui, image qu'il va, de retour en première ligne, s'évertuer à infléchir. Pour montrer qu'il est un soldat expérimenté, il va sélectionner deux traits pertinents : celui de soldat compétent et celui de soldat blasé à force de côtoyer la mort. La lettre du 31 juillet met en exergue son expérience militaire :

> (7) (Rivière_31.07.1916)
> Je remarque à nouveau combien l'on a fait de progrès chez nous pour l'art[ie] lourde car les bôches reçoivent coup pour coup, plutôt plus, tandis que l'année dernière il était impossible de leur résister. […] je viens de visiter les premières tranchées boches enlevées le 1er jour de l'offensive. […] Cette rapide description confirme ~~la~~ ma thèse sur la force de nos engins actuels

de même que sa compétence pour détourner la censure :

> D'après mes points tu sais constamment où je me trouve, […] Dont Pierre, et Mme Massénat étant souffrante je forme des vœux pour sa prompte guérison. Tu saisis, et présente leur mes meilleures amitiés.

Dont Pierre réfère à Dompierre, un village de la Somme auprès duquel Rivière cantonne si l'on en croit le journal des unités du 147e régiment d'infanterie (JMO, 28.07.1916).

L'oxymore et la prise en charge de deux opinions contradictoires corrélatives permettent à Rivière d'assumer la complexité de l'expérience, tout en évoquant son détachement par rapport aux contingences matérielles. Désabusement explicité dans la formule *L'on se fait à tout*.

L'oxymore est bien un « outil de cohésion textuelle, facilitant la mémorisation par le lecteur de l'orientation argumentative du texte » (Monte, 2008 : 50). Motivée par le rapport de place entre les frères, la figure est contextualisante, parce qu'elle cristallise l'effort d'infléchissement opéré par le sujet écrivant sur le rapport de places. Elle fait connaître au destinataire le nouvel état d'esprit du scripteur et tente de le convaincre de reconnaître cette place de soldat résigné. L'oxymore est un échantillon de contexte puisque, saisissant simultanément une peur de mourir sous-jacente et une accoutumance bravache à la guerre, il fait état de l'écartèlement de Rivière entre les deux places de soldat malgré lui et de soldat résigné. La concurrence des places identifiable dans l'oxymore reflète le conflit intérieur d'un homme partagé entre l'idéal de tenir sa place sociale et son instinct de survie. Ce conflit entre l'évitement tentateur et le devoir potentiellement destructeur, perceptible dans toute la correspondance du poilu, se résout le 05.09.1916 lorsque le soldat Rivière est tué à l'ennemi.

4. La déchirure du pouvoir d'expression
4.1. Des procédés marqués
Le style des trois soldats est imprégné des différents moyens d'expression qu'ils se sont appropriés par l'exercice scolaire. On peut ainsi voir dans l'usage du participe passé *ayant seul réussi à sauter dans la tranchée* de Fugier une interférence du latin :

> L'usage du participe est très-commun en latin, mais il doit être rare quand on écrit en français. [...] Le participe prétérit passif se traduit assez souvent par après avoir, étant, ayant. [...] *Ita admissis intra mœnia hostibus, atrox in ipso aditu pugna. Flor.* Les ennemis ayant été introduits dans la ville, il s'engagea à la porte un combat sanglant. (Ferri de St. Constant, 1811 : 268)

L'écriture du jeune bachelier, rompu à l'exercice de la traduction, serait influencée par le modèle syntaxique de la langue ancienne qui servirait de modèle stylistique à la tournure littéraire.

L'oxymore de Rivière, quant à lui, témoignerait de l'assimilation d'un procédé de la rhétorique primaire. Balibar (1985 : 394) relève ainsi cet exemple (voir tableau page suivante).

Le bon élève qu'est resté Rivière ajoute à propos les épithètes *douce* et *infernale* au substantif *musique*.

L'extrait 4, par contre, révélerait plutôt la résistance d'un peu-lettré aux règles imposées à l'école primaire. En utilisant le déictique là où la grammaire scolaire exigerait un anaphorique, Lapouge privilégie le sens à la correction grammaticale : cette manière de faire signale un échec de l'institution scolaire à convaincre du bien-fondé des normes standard.

« Les trouvailles du bon élève » selon *L'année préparatoire de Rédaction et d'Élocution* par Carré et Moy (A. Colin, 7ᵉ édition, 1889) :	
LA PHRASE DE TOUT LE MONDE	LA PHRASE DU BON ÉLÈVE
Louis, qui est en retenue, regarde par la fenêtre ses camarades qui jouent dans la cour.	Louis, qui est en retenue, regarde *tristement* par la fenêtre ses camarades *joyeux* qui jouent dans la cour.
Ainsi quand un bon élève a construit une phrase, il sait ajouter À PROPOS un adjectif ou un adverbe […] La phrase devient PLUS EXPRESSIVE.	

Son écriture révèle cependant aussi l'imprégnation profonde des modèles primaires. Elle semble juxtaposer, tout comme celle de Rivière, différents emplois du français élémentaire. Balibar a montré, dans son analyse de *Francinet* (1985 : 367-388), que les manuels juxtaposaient des textes à dimensions différentes (narrative, morale, …) pour exercer l'esprit d'analyse des écoliers. Ayant ainsi été habitués à voir coexister de tels textes sur la même page, Lapouge et Rivière ont été sensibilisés au fait qu'un même événement/objet peut être appréhendé de différentes manières et c'est peut-être pour cette raison qu'ils mêlent dans leurs lettres le point de vue subjectif et le point de vue neutre pour Lapouge, le ressenti auditif et le ressenti psychique pour Rivière.

4.2. Perspectives pragmatiques

La différence de qualité du parcours scolaire se ressent aussi, non dans l'usage que les soldats font des figures, mais dans leurs façons de faire des figures. Une ligne peut ainsi être tracée entre la figure connotative de Fugier – forme saillante « où la communication s'opacifie » (Bonhomme, 2005 : 31) et les figures dénotatives de Lapouge et de Rivière – formes saillantes « où la communication se "cristallise" » (*id.*).

Du fait de sa formation secondaire, Fugier dispose d'un « appareil linguistique à plusieurs entrées, capable de superposer les discours entendus et sous-entendus » (Balibar, 1985 : 399). Il peut doter son discours d'« aiguillages interprétatifs concurrents » (Bonhomme, 2002 : 11) et ainsi sanctionner le rapport de place installé tout en s'ingéniant à l'infléchir dans le sens qui lui est favorable. Ce procédé qui a l'avantage d'éviter une confrontation directe, comporte pourtant un risque, celui d'une « labilité et [d'un] flottement incessant [des] places » (Flahault, 1978 : 52).

Les extraits 4 et 6 sont utilisés dans des perspectives bien différentes. Il s'agit pour leurs auteurs, bénéficiaires de l'instruction primaire, de dénoter du contenu implicite. Le trope présuppositionnel est utilisé pour informer de ce qu'il présuppose, c'est-à-dire de l'acuité de la place de soldat de Lapouge à l'écriture de la lettre. L'oxymore permet, quant à lui, de dénoter le sentiment paradoxal que fait naître chez le soldat le bruit du canon. Cette visée pragmatique qu'est la dénotation du réel relève bien du style primaire :

> Le simple français à l'école primaire s'attache aux sens propres. Coupé des discours littéraires et du latin où il est interprétable, le mot renvoie simplement à une situation réelle (Branca-Rosoff, 2001 : 16).

L'analyse de ce corpus restreint validerait donc l'hypothèse d'une déchirure du pouvoir d'expression avec un style primaire aux caractéristiques bien différentes du style secondaire. Ceci devra cependant être confirmé par l'examen méthodique d'un corpus plus large pour pouvoir entériner ce distinguo entre une écriture primaire dénotative et une écriture secondaire connotative.

Conclusion

Les trois figures étudiées (une allusion, un trope implicitatif et un oxymore) éclairent et condensent le rapport de place dans lequel s'inscrivent les scripteurs. Elles le rendent intelligible en fonctionnant à la fois comme révélateur d'un rapport de place installé (figure contextualisée) et comme modificateur de ce même rapport de place (figure contextualisante). Autrement dit, elles disent ce qu'est le rapport de place tel qu'il est appréhendé par les scripteurs et ce qu'ils voudraient qu'il fût (Figure 6 page suivante).

Les figures échantillonnent ensuite le rapport de place en apparaissant comme emblématiques d'un rapport de place dans chacune des correspondances étudiées et symptomatiques d'un écartèlement entre des places difficilement conciliables. Les figures participent ainsi à la cohésion textuelle en rendant saillants les déchirements auxquels leurs différentes identités astreignent les scripteurs tout au long des échanges épistoliers.

Cette étude valide les conclusions des contributeurs au numéro 4.2 du *Discours et la langue* : « le contexte conditionne et motive la figure, [...] la figure agit en retour sur le contexte » qu'elle contribue à construire, à conditionner et même à échantillonner (Salvan, 2012 : 8). Le lien dynamique existant entre discours et contexte est particulièrement patent avec ce type de discours que sont les figures et ce type de contexte qu'est le rapport de place. L'interaction de ces deux critères spécifiques génère un effet turbo du fait 1) de la saillance et de la densité des figures dont l'efficacité argumentative (irréfutabilité de l'allusion, pragmatisme du trope présuppositionnel et productivité de l'oxymore) « renforce la force

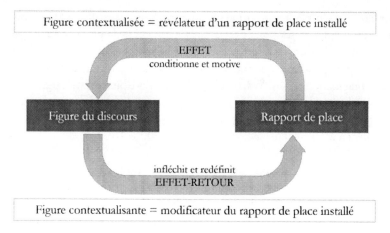

Figure 6. Le lien dynamique entre figures et rapport de place

illocutoire du discours » (*ibid.*) et du fait 2) des implications pragmatiques immédiates de la place discursive sur la place sociale. Il y a répercussions directes sur la relation destinateur-destinataire par des « effets de place » (Flahault, 1978 : 50). Ainsi dans les extraits analysés, la place sociale prédétermine la place discursive et à son tour, la place discursive a des conséquences sur la place sociale.

Les trois soldats, quels que soient leurs parcours scolaires, font preuve de clairvoyance quant à leur état, manifestent une fine compréhension des rapports de place et une dextérité certaine dans la négociation du rapport de place (via une opacification ou une clarification du message). En ce sens, leurs français authentiques épistoliers, tout comme « les français fictifs littéraires » de l'époque, « exhib[ent] et conjur[ent] la déchirure du pouvoir d'expression » (Balibar, 1985 : 406).

Bibliographie

Balibar, R. (1985), *L'institution du français*, Paris, PUF.

Bonhomme, M. (1998), *Les figures clés du discours,* Paris, Seuil.

— (2002), « De l'ambiguïté figurale », *Semen* 15, p. 11-25.

— (2005), *Pragmatique des figures du discours*, Paris, Champion.

Branca-Rosoff, S. (2001), *L'institution des langues,* Paris, Maison des sciences de l'homme.

Brown, P. & Levinson, S.C. (1988), *Politeness: some universals in language usage*, Cambridge, Cambridge University Press.

Ducrot, O. (1972), *Dire et ne pas dire*, Paris, Hermann.

Ernst, G. (2003) « Les « peu lettrés » devant les normes de la textualité », dans Von D. Osthus, C. Polzin-Haumann, C.Schmitt (éd.) *La norme linguistique*, Bonn, Romanistischer Verlag Hillen, p. 83-98.

Ferri de St. Constant, J. L. (1811), *Rudimens de la traduction ou l'art de traduire le latin en français*, 2e édition, tome I, Paris, Delalain.

Flahault, F. (1978), *La parole intermédiaire*, Paris, Seuil.

Fournier, N. (1998), *Grammaire du français classique*, Paris, Belin.

Frei, H. (1982 [1929]), *La grammaire des fautes*, Genève, Slatkine.

Gaudin-Bordes, L & Salvan, G. (2012 [2013]), « Contextualisation et hyperpertinence figurale », *Le discours et la langue* 4.2, p. 7-13.

Jaubert, A. (1990), *La lecture pragmatique*, Paris, Hachette.

JMO, Journaux des marches et opérations des corps de troupe, 147e RI. 15/01 – 31/12/1916 – 26 N 695/12. http://www.memoiredeshommes.sga.defense.gouv.fr

Kerbrat-Orecchioni, C. (1998 [1986]), *L'implicite*, Paris, A. Colin.

Kiviniemi, A.-L. (2013), « L'écriture des poilus à l'aune des normes scolaires – une étude stylistique », *Cahiers AFLS On-Line* 18.1, p. 5-45.

— (2015), « Dire l'indicible et décrire l'indescriptible – ressources imagières et linguistiques des poilus », *Semiotica* 207-1/4, p. 139-174.

Klippi, C. & Kiviniemi, A.-L. (2015). « L'écriture de deux frères d'armes, déshérités du français – Une caricature de la langue nationale ? », dans Jeppesen Kragh, K., Lindschouw, J. (éd.), « Les variations diasystématiques et leurs interdépendances dans les langues romanes », *Actes du colloque DIA II de Copenhague (19-21.11/2012), Travaux de Linguistique Romane*, EliPhi : Strasbourg, p. 175-190.

Maingueneau, D. (1979), *Les livres d'école de la République, 1870-1914*, Paris, Le Sycomore.

Monte, M. (2008). « Le jeu des points de vue dans l'oxymore : polémique ou reformulation ? », *Langue française* 160, p. 37-53.

Prost, A. (1968), *L'enseignement en France 1800-1967*, Paris, A. Colin.

Rabatel, A. (2008), « Figures et points de vue en confrontation », *Langue française* 4, p. 3-17.

Salvan, G. (2008) « Dire décalé et sélection de point de vue dans la métalepse », *Langue française* 160, p. 73-87
— (2012 [2013]), « Introduction », *Le discours et la langue* 4.2, p. 7-13.

Siess, J. & Hutin, S. (2005) « Présentation », *Semen* 20, http://semen.revues.org/1073.

Viala, F. (1896), *L'enseignement moral à l'école primaire: livre de morale pratique et de lecture courante,* Paris, A. Challamel.

Article reçu en février 2014. Révision acceptée en mai 2015.

Débat

Retour sur 30 ans d'engagement dans *Langage et Société*

Marc Derycke
Université de Saint Etienne
marcderycke99@gmail.com

Le 9 mars 2015, j'adressais à Josiane Boutet un message m'excusant pour mon peu d'implication dans la revue, pour cause de surcharge de travail (rédaction d'ouvrages) et souhaitais mon retrait du Comité de rédaction, « tout en restant disponible pour lire les articles que vous souhaiterez me confier » ; je promettais d'envoyer « d'ici peu un mot amical revenant sur ce que la revue a été pour moi dans mon itinéraire perso, quand je l'ai découverte au sortir de l'usine… pour dire combien j'ai été et suis attaché à ce qui a été créé et développé là jusqu'à ce jour, même si mes apports ont été bien modestes ». Les événements du vendredi 13 novembre 2015 m'incitent à m'acquitter de cette promesse presqu'oubliée.

Quel rapport entre *Langage & société* et la terrible actualité ?
Je suis convaincu que la pratique scientifique, par l'ouverture qu'elle nécessite aux faits et aux autres, hors de quoi rien de consistant ne peut s'écrire, produit un effet de décillement quand elle ne se copie pas elle-même et a, par-là, une incidence politique. Elle est révolutionnaire sans avoir à brandir quelque bannière, sans avoir à en faire entrer l'enjeu dans les préalables méthodologiques : son seul étendard est l'attesté et ce qu'il autorise d'analyse. Ma fierté, terminant ma carrière, est notamment d'avoir accompagné une jeune rwandaise, rescapée des massacres perpétrés par les rebelles au Sud-Kivu en 1996-1997 (elle avait 14 ans), poursuivie comme les autres

parias à travers la forêt équatoriale, échappant miraculeusement à plusieurs carnages, jusque Mbandaka (province de l'Équateur, où je suis né) où elle a échappé aux dernières attaques, protégée par la population locale. Le travail d'objectivation des faits par le biais de jeunes témoins comme elle dont elle recensait l'expérience lui a permis au bout de 3 ans d'en venir à produire son propre témoignage dans un master qui a conduit à une thèse de doctorat. La distance imposée par la méthodologie a permis ce processus. J'ai ensuite rencontré des personnes de son entourage qui la connaissent depuis son arrivée en France, elles témoignent du chemin parcouru, celui de sa reconstruction hors de tout esprit de vengeance. La position scientifique qu'elle a su tenir n'y est pas étrangère.

Et *Langage & société*, me direz-vous ?

Cette rencontre nécessite de parler un peu de mon parcours. Fin 1982, je quitte l'usine parce qu'elle ferme ses portes. J'y étais entré début 1972, chercheur en thèse avec A.-J. Greimas à l'École Pratique des Hautes Études, Ve section, hyperformaliste, obliquant pour un projet maoïste radical auquel je consacrerai ma vie entière. Nous avons, mes camarades, mon épouse et moi, appliqué jusque dans notre vie intime la loi d'airain, dévastatrice, du totalitarisme, celle qui a conduit avant nous aux procès de Moscou et de Prague. La logique était la même, mais en petit comité, la violence était la même, sauf que la prison a été notre vie mentale qui a suivi une fois « libérés » de notre engagement (j'ai mis 24 ans à m'en remettre). Peu ont vécu cela, et ceux qui en parlent en ont souvent peu de connaissance directe. À la sortie, je veux gagner ma vie en travaillant auprès des mêmes publics que j'ai appris à connaître durant ces 11 ans, devenant formateur auprès des illettrés et des exclus du système scolaire. À l'usine, entre les responsables et les ouvriers, avec les syndicats, puis dans l'espace domestique avec les immigrés parmi lesquels nous vivions (nous avions squatté un bâtiment où nous avons organisé le regroupement familial – une des rares réussites de ce militantisme) se manifestaient constamment rapports de pouvoir, manipulation, malentendu, incompréhension alors que nous avions la certitude de détenir la vérité[1]. Sortir de l'usine, qui

---

1. Phénomène que Freud, génial, au moment de la montée du nazisme, a décrit dans *Psychologie des foules et analyse du moi* : notre idéal et le rapport au réel ont été substitués par le « moi » du maître que nous nous étions donné au nom de la révolution et auquel nous nous soumettions *totalement* pour construire un monde nouveau, celui du « plus jamais *ça* » : *ça*, pour moi, la violence abjecte du colonialisme dans lequel j'ai vécu là où 40 ans plus tard cette étudiante a elle-même vécu son calvaire – les terroristes actuels radicalisent encore ce processus !

me mettait dehors, c'était redécouvrir le milieu dont j'étais issu, s'extraire lentement de cette aliénation, se laisser prendre par la confrontation des idées, entendre les objections, établir les faits, les vérifier, à l'encontre de toute parole autorisée fondée sur une idéologie millénariste. Telle était l'aspiration de liberté de pensée et de responsabilité pour faire la part des choses pour ne plus se leurrer en gardant le plus précieux.

Voilà que fin 1986, une après-midi tiède et ensoleillée d'automne, je suis dans la bibliothèque du Centre Pompidou. J'avise un grand cahier de couleur (brune ? kaki ?), aux feuillets ronéotés, engageant parce que terne, comme moi : *Langage & société* (est-ce le n° 38, décembre 1986 ?) : on y parle des pratiques réelles de toutes sortes de gens en des termes que je comprends peu... mais il y a des annonces, dont celle du Séminaire de Maurice Tournier, qui propose un tour d'horizon des approches en sociolinguistique et sociologie du langage.

Miracle : l'heure de séminaire tombe en dehors des cours que je donne entre Villejuif et Conflans-Ste-Honorine où, de plus j'ai fait la connaissance de bateliers qui parlent une variété avec des emprunts proches du picard. Mon premier séminaire, depuis 1971 à Urbino au Centre international de Sémiotique et où je devais terminer ma thèse ! Je voyais là des gens qui me troublaient (quelle connaissance avaient-ils de l'usine, que je venais de quitter ?), mais surtout m'instruisaient et, littéralement, me faisaient sortir de mes gonds. Une perspective multiple, à plusieurs voix, qui avait le courage de s'extraire d'une approche hypothético-déductive, elle avait longtemps été mienne, pour se confier aux aléas des pratiques (langagières ? discursives ? qu'importe, car cette distinction doit être sans doute enrichie par l'intégration de la dimension physique et corporelle du langage, non seulement côté corps des interactants, mais de l'environnement réel et virtuel, comme la langue des signes en trace la voie). Le point fort, proprement révolutionnaire, était la description du français parlé, de sa syntaxe, par C. Blanche-Benveniste (C.B.B.), pour moi qui cherchais à rendre compte des variétés batelières. Elles étaient méprisées même par les assistantes sociales chargées de suivre ce public traité de « petit niveau », ceci alors que ces femmes et ces hommes que j'apprenais à connaître étaient des monuments d'initiative, d'invention et de courage. Le modèle du français écrit qui imposait sa norme à l'oral pour stigmatiser les publics auxquels je m'intéressais, était maintenant, grâce à elle et son équipe, rendu obsolète, rigoureusement. La justesse de la description scientifique ne produit-elle pas là un effet politique et émancipateur ? Le point central, en cette affaire est que, au lieu des allées tirées au cordeau de l'hypothèse et des déductions en « énoncés bien formés », articulés selon des lois intangibles, la sociolinguistique se frotte au dehors et touche les frontières entre ce qui peut se construire, et ce qui ne le peut sans risque d'inconsistance, d'où le débat démocratique « en collègue » (P. Achard), une pluridisciplinarité conséquente. La force de la sociolinguistique tient dans son impureté associant langue-langage *et* société (*cf.* la condamnation précoce de J.-C. Milner) qui la pousse en avant, prise dans la tension entre la théorisation nécessaire, et la/les *pratique(s)*[2]. En cela, la sociolinguistique est ouverture et questionnement relancé, susceptible de briser des sociotypes bien ancrés, comme l'a fait C.B.B., et bien d'autres. Le deuxième choc (et je passe tant de belles descriptions publiées par la revue, notons la première que j'ai lue : P. Wald « La diglossie immergée… » : finesse et nuance de ce jeu du peu visible, qui allait tant me servir auprès des publics qui usent de masques pour se préserver) me revient en 2004 *via* J. Rancière et J. Jacotot à qui il emprunte sa théorie du maître ignorant et de l'émancipation intellectuelle. Jacotot (exact contemporain d'Hegel) écrit ceci (non cité par Rancière) vers 1820 (!) : tout d'abord, il réfute l'opinion selon laquelle il existerait une langue pour les peuples dits philosophes, une autre pour les peuples poètes, et une langue faible pour les faibles qui parleraient au travers de leurs représentants éminents ; il poursuit « Celui qui ne connaît pas la langue de l'abbé de l'Épée ne croira point qu'une langue de mots vus puisse être aussi claire qu'une langue de mots entendus. Concevra-t-il, avec ce préjugé de l'oreille, que l'âme pourrait exprimer ses pensées avec des mots touchés, ou flairés, ou goûtés, etc. ? » (J. Jacotot, *L'enseignement universel. Langue maternelle*, IVe Leçon). En fait, dès le début du XIXe siècle, il condamne toute langue nationale qui approprierait un peuple, au travers de ses représentants éminents, à tel art ou à tel autre, congédie toute prééminence des langues

---

2. Pratique langagière ou discursive, mais aussi pratique scientifique qui impose de s'interroger *dans* le processus ethnographique de recueil *pas sans* les enquêtes qui détiennent aussi, et pour cause, le « sensing » des matériaux : « Le "Sensing" fait référence aux procédures et aux pratiques méthodologiques visant à interpréter le savoir scientifique pour et par une communauté de terrain et pour ainsi la doter d'un sens et d'une pertinence sociétale. Le 'sens' se fait par toutes ces activités humaines où des questions sont formulées, des réponses développées et testées par une variété de moyens, et où un ou plusieurs sens humains sont mobilisés pour rendre de tels processus réalisables. Nous défendons une approche dynamique pour tout ce qui concerne le sens, la signification, le savoir et ses dérivés (comme la science ou les idéologies). Cela implique que nous considérons tous ces domaines ou territoires comme des processus (et pour certains d'entre eux des pratiques) plutôt que des produits, des dynamiques plutôt que des structures. Un des buts les plus importants de l'engagement en amont est le fait d'encourager la réflexion institutionnelle, afin que les décideurs s'interrogent sur leurs propres convictions et qu'ils considèrent une plus large palette d'alternatives » (Verstraete, 2012, p. 106).

vocales, pour explorer toutes possibilités offertes par les perceptions, s'en tenant à une conception radicalement variationniste qui part de tout ce qui de là, est traversé de langagier qui n'est pas langue[3], mais peut se faire support de sens dans un procès de sémiotisation : tout humain y trouve sa place, sa production sémiotique est digne d'intérêt quelle qu'elle soit, il appartient à l'humanité sans exclusive. Cette formule puissante ouvre dès lors une place à ce qu'un enfant né sourd profond dans un environnement vocaliste ne soit pas un « enfant sauvage », quasi animal, mais, « sourd isolé » qui *n'hérite pas d'une langue* puisque son handicap le prive de l'accès au bain de langue vocale, il est enfant qui invente avec ceux de son entourage attentionné une *lingua franca* gestuelle (O. Coelho) qui a les propriétés d'une langue naturelle[4]. C'était un peu tard, mais me revenait alors dans toute sa force l'approche labovienne que j'avais trop négligée tout en la pratiquant comme M. Jourdain, lui qui a opérationnalisé cette intuition, malheureusement en hypostasiant la vocalité. Après les outils de description du français parlé, après le caractère impur de la discipline et ce qu'il implique de rigueur, la troisième percée était donc le variationnisme, qui recoupe dans le domaine de la langue, la distinction que fait G. Canguilhem entre *norme* (sociale, externe au sujet) et *normativité* (interne, construite dans le tâtonnement avec le réel des obstacles que le sujet doit négocier), ce qui est à rapprocher des « normes sociogéographiques de réalisation ». Le variationnisme en cela autorise la *liberté* de parole en toute dignité hors (à côté, sous) des assignations par les rapports de domination qui m'avaient tant frappé à l'usine, et dont l'illettrisme est un des produits.

Ce qu'ont apporté à la description de la langue parlée (C.B.B.), à la disjonction des normes (Labov), C. Cuxac l'a apporté à la description de la langue des signes. Qui a assisté comme moi à la séance de présentation

---

3. Ceci est évident pour le sportif et pour le travailleur manuel : tout leur corps, saisi dans l'environnement qui les déborde et les interpelle, chacun dans leur durée propre, sont traversés de langage qui les conduisent au geste approprié – phénomène qu'en son domaine et avec ses outils – non linguistiques ! - décrit la théorie écolo-dynamique (cf. notamment Zénone).
4. C'est en prélevant sur le *con*texte, qui est un fragment de « monde culturel humain » fait de langage hors langue (vocale), que l'enfant né sourd dans un environnement d'entendants, est capable d'inventer progressivement les signes iconiques d'une langue authentique pour autant que quelqu'un les lui renvoie pour communiquer : « although it may be not necessary for a child to be exposed to a language model in order to create a communication system with language-like structure, it may be necessary for that child to experience the human cultural word. It is very likely that, as language evolved, the cultural artifacts that characterize our world evolved with it » (Goldin-Meadow, 1991 : 23).

du numéro consacré à *Sourds et langues des signes : norme et variation*, n° 131 de la revue, se souviendra de ce qu'une approche scientifique consistante peut apporter, ici, aux sourds profonds, exclus de leur langue depuis 1880 (rétablie dans son droit en 1991, en 2005 dans le système éducatif !) : une signeuse, dans une salle bondée au point de refuser du monde, l'a remercié debout d'avoir rendu aux sourds leur langue et leur dignité, alors qu'avant elle était décrite sur le modèle d'une langue vocale (c.à.d. dans un rapport marqué/non-marqué, cf. Achard, 1993), et censée ne pas traduire la pensée (je vous passe l'extrait de la loi Savary traitant de ce point, elle n'honore pas la République). J'avais coécrit avec B. Garcia une introduction soulignant ce que la sociolinguistique pouvait gagner à travailler tout ce que nous apportent les langues gestuelles, et notamment ce point de départ : la création d'une langue, ce que nous offrent les « sourds isolés » et leurs allocutaires (j'ai ici une pensée à l'égard de mes collègues de Porto, O. Coelho et H. Vaz, d'autres, et d'I. Fusellier-Souza). Si j'ai pu me faire passeur de quelque chose, ce serait bien de cela, qui est bien plus que mon apport propre[5].

Enfin, il me faut dire un mot du contexte de la revue : la *générosité*. Celle de P. Achard, toujours disponible, stimulant (il a affiné mon protocole d'expérimentation concernant le suivi pédagogique des enfants du voyage, ce qui a conduit à des propositions novatrices à partir d'une suggestion de J.-F. De Pietro, rencontré à Nice au colloque, puis à l'UNESCO), celle de P. Fiala qui, pour ma participation à mon premier colloque, à Nice : *Contact de langues*, a réécrit avec moi ma contribution, prétentieuse et illisible ; les lettres de S. Branca qui me conseillait à propos de l'approche du GARS ; l'accueil et les discussions du séminaire du GTAD, J.-M. Bertrand et B. Fraenkel (recoupements improbables entre formation d'adultes, signature, illettrisme et… *L&S*), D. Demazière, G. Varro, F. Leimdorfer ; le soutien, plus récemment, de M. Glady, à propos du projet de n° sur l'évaluation, auquel je n'ai pu donner suite, et j'en passe… J. Boutet, quand j'ai remis en cause lors d'une réunion sa proposition de couverture pour la revue. Je ne sais si le résultat m'a donné raison mais le fait que la directrice retire son projet déjà bien avancé démontre son respect de la démocratie et de l'intérêt collectif de la revue.

---

5. Il est maigre mais, des modèles formels à une thèse au Champ freudien articulant sémiotique et psychanalyse, me retrouvant enfin prof' en Sciences de l'éducation… il y a un abîme. C'est le temps qui me manquait pour tout faire avancer de front : passer d'une discipline à l'autre est un exercice de contorsionniste qui interdit les collages du ready made, mais exige la construction d'un méta niveau permettant la conversion des concepts.

Cette générosité, cette dimension scientifique audacieuse et exigeante en ce qu'elle avance sur une ligne de crête en prenant des risques qui ne sont pas sans produire des effets politiques, sont les deux raisons qui me font écrire ces lignes aujourd'hui, 16 novembre 2015, à 3 jours du carnage du 13.

Confiance.

Comptes rendus

Philippe BLANCHET
Discriminations : combattre la glottophobie
2016, Paris, Textuel, coll. Petite Encyclopédie critique, 192 p.
Compte rendu de Médéric Gasquet-Cyrus, Aix-Marseille Université, LPL

La question de la discrimination linguistique – particulièrement sur les « accents régionaux » – a connu en France un important écho médiatique, auquel le livre de Philippe Blanchet (désormais PB) a largement participé.

Cet ouvrage de 192 pages est paru aux éditions Textuel dans la « Petite encyclopédie critique », collection dirigée par Philippe Corcuff dont Philippe Blanchet rappelle le rôle « aiguillonnant l'engagement des intellectuels et la mission de critique sociale qui est celle des chercheurs » (p. 27). Et il s'agit bien d'un livre conforme à la dimension politique que donne PB à ses prises de parole et ses travaux depuis de longues années.

L'introduction part du constat que les discriminations linguistiques sont largement ignorées : « 'inconnues' (on ne sait pas que ça existe, on ne les voit pas) » et « 'négligées' (on n'y accorde aucune attention quand on en voit) » (p. 12), alors qu'elles sont mentionnées dans les travaux, entre autres, de sociolinguistes (I.4). Leur absence notable dans les textes juridiques français amène à dire qu'au final, elles seraient légalement autorisées ; elles sont inégalement présentes et condamnées dans de grands textes internationaux relatifs aux Droits humains (I.3).

Dans la deuxième partie, PB expose son cadre théorique d'une sociolinguistique qui permet « une approche sociale des phénomènes linguistiques et une approche linguistique des phénomènes sociaux » (p. 32). Après avoir rappelé que les langues sont à la fois moyens et enjeux de domination et de pouvoir (II.2), il s'intéresse à l'écart entre les « pratiques spontanées », dynamiques, façonnées par les besoins des locuteurs, et les normes prescrites qui imposent une régulation de ces pratiques, normes conçues comme « des rapports de pouvoir et de domination qui instaurent des discriminations ». Ces discriminations linguistiques illégitimes (sinon illégales) sont décrites par le terme *glottophobie* que l'auteur développe « pour insister sur les dimensions humaines et sociales des discriminations linguistiques » (II.5). Rappelant qu'il l'utilise depuis 1998, il en montre les avantages (« réinsérer les discriminations linguistiques dans l'ensemble des discriminations *portant sur des personnes* au lieu de les restreindre [...] à des discriminations portant sur des langues », p. 44), avant de le définir : « Le mépris, la haine, l'agression, le rejet, l'exclusion de *personnes*, discrimination négative effectivement ou prétendument fondés sur le fait de considérer incorrectes, inférieures, mauvaises certaines formes linguistiques [...] usitées par ces personnes » (p. 45).

La troisième partie, sans doute la moins originale, explique « les rôles des agents et des instances glottopolitiques dans la diffusion de la glottophobie » (III.1) et pointe « la responsabilité des grammairiens et des linguistes » dans la « désocialisation et déshumanisation des 'langues' » (III.2). Suivent de courts chapitres montrant combien la glottophobie doit être articulée à des notions comme celles de *langue commune, langue standard, normes, diglossie, insécurité linguistique*... Cette dernière est développée dans un féroce chapitre (III.5) envers l'école, incapable, selon PB, de prendre en compte les usages linguistiques hétérogènes et plurilingues des élèves, générant ainsi de l'« échec scolaire », de l'humiliation et de la glottophobie. PB aborde ensuite la glottophobie sous-jacente dans l'émergence des états nations, la construction du français standard, l'idéologie colonialiste qui accompagne les lois Ferry, l'idéologie qui lie « maîtrise de la langue » et « citoyenneté », notamment autour du FLI (Français Langue d'Intégration). Le dernier chapitre de cette partie montre comment les « dominés » peuvent reproduire un processus glottophobe pour prendre la place des « dominants », notamment dans le cas de langues minoritaires.

Après une centaine de pages assez théoriques, la quatrième partie (la plus longue) présente des exemples qui illustrent d'abord la « glottophobie institutionnelle » : les politiques de la Révolution française, l'article constitutionnel de 1992 qui fait du français « la langue de la République », les politiques envers les « langues régionales », simple « patrimoine », mais aussi – encore – l'Éducation « nationale ». Le chapitre IV.2 est à la fois le plus long et le plus convaincant : la notion de glottophobie permet d'analyser finement des situations pourtant archi-connues. Suivent des exemples de « glottophobie institutionnelle et individuelle » (IV.3) dans lesquels des représentants d'instances de pouvoir produisent des discours ou des actes glottophobes (par exemple sur les accents régionaux ou étrangers), puis des exemples de « glottophobie individuelle » (IV.4) à travers notamment des témoignages de discriminations subies par des personnes anonymes ou connues.

PB clôt l'ouvrage avec des « pistes et des principes pour combattre la glottophobie », en proposant notamment de « réaffirmer le caractère profondément humain, social et culturel des 'langues' » (V.1) et de réfuter les idées reçues avec une « éducation linguistique » critique. Malgré la difficulté de l'entreprise, le livre invite à « commencer par une pratique personnelle consciente et vigilante » (V.5) qui, après un moment d'acceptation des normes dominantes, doit permettre de les dépasser et de les combattre.

« L'objectif de ce livre est d'attirer l'attention, les vigilances et les combats contre les discriminations linguistiques et leurs conséquences humaines et sociales » (p. 25) affirme PB, dans un texte destiné aux non spécialistes mais écrit sur des bases scientifiques. « L'équilibre n'est pas facile à trouver », ajoute-t-il ; il semble pourtant l'avoir été, en regard de la médiatisation large et rapide de ce livre (entre autres : *Le Point, Le Monde, La Croix, Mediapart, France Culture, France Bleu, RTL, TV5 Monde, Sciences Humaines, Elle*...). Le succès immédiat (à confirmer) du terme *glottophobie* l'inscrit dans la lignée des illustres *glottophagie* (Calvet) et *glottopolitique* (Marcellesi).

On pourrait bien sûr émettre quelques critiques : outre des questions de forme (maquette peu agréable, découpage pas clair, « chapitres » trop courts et manquant de cohérence...), il y a un manque criant de références autres que francophones, ce qui est gênant sur un tel domaine. Si un article de Irvine et Gal (2000) est référencé, le *Verbal Hygiene* de Cameron (1995) est cité de seconde main et le remarquable ouvrage de Lippi-Green (1997) pas même mentionné. Le cadre théorique manque de références sur une notion importante, celle de *language ideology*. Inversement, ce qui est annoncé comme un « ouvrage de synthèse » (p. 25) se présente surtout comme une synthèse des travaux... de l'auteur, qui occupent presque un tiers de la bibliographie ! On peut aussi se demander si, emporté par son engagement généreux, PB ne finit pas par voir de la glottophobie partout, avec des cibles prévisibles : le rapport Grégoire, l'Académie, l'école, les linguistes... Son acharnement sur la notion de « maîtrise de la langue » (II.9, III.3, III.6, IV.2) ne manquera pas de susciter des débats. Enfin, la proposition d'action finale est un peu décevante : introduire de la variation ou imposer « des pratiques/normes alternatives » (p. 171), comme s'il s'agissait finalement de lutter normes contre normes...

Ce livre prêtera donc à discussion. D'aucuns le verront comme un livre de plus sur les questions de norme et des relations entre langage et pouvoir, coloré par l'engagement de l'auteur qui, notamment vers la fin, se veut volontiers idéaliste en vue d'un « autre monde : humaniste, juste, équitable et hospitalier » (p. 177). D'autres y verront un livre qui, autour d'un terme englobant, réussit à articuler à un cadre théorique clair (mais tout de même assez technique) textes de lois, exemples historiques, cas d'école, corpus médiatique, anecdotes, témoignages directs et autres manifestations de glottophobie. Au vu de son impact médiatique, des questions sociales vives qu'il soulève et de la solidité de l'auteur dans la construction d'une sociolinguistique humaniste, ce livre constitue déjà une référence.

Cameron D. (1995), *Verbal Hygiene*, Londres/New York, Routledge.

Lippi-Green E. (1997), *English with an Accent. Ideology and Discrimination in the United States*, Londres/New York, Routledge.

Valéry DEBOV
Glossaire du verlan dans le rap français
Paris, L'Harmattan, 2015, 444 p.
Compte rendu de Françoise Gadet, Université Paris-Ouest et MoDyCo

---

Il faut certainement de la témérité pour entreprendre la réalisation d'un tel glossaire, quand on sait les écueils de la rédaction de dictionnaires concernant toutes les formes de langue parlée, dont les « français des rues ». Comme ils courent le risque d'être obsolètes avant même que d'être parus, les versions papier se voient aujourd'hui préférer des publications en ligne, révisables au gré des compétences des internautes usagers (voir parmi d'autres le *Dictionnaire de la zone*).

Pourtant, le « glossaire » de Debov ne manque ni de pertinence, ni de charme, ni d'une stupéfiante accumulation de connaissances, l'appui pris dans les chansons de rap désarmant en grande partie le risque d'obsolète, puisque les chansons perdurent davantage que les mots d'une mode passagère. Le rap fournit ainsi un solide corpus de référence, un corpus connu et public (affichable) n'étant pas toujours une qualité des dictionnaires comparables présents sur le marché, qui ne sont pas tous très transparents quant aux modalités du recueil.

L'ouvrage de Debov est le fruit d'un travail lexicographique de relevé des mots en verlan rencontrés dans des chansons de rap, de 1980 à nos jours, à partir d'un corpus à la fois oral – les enregistrements – et scriptural – sur la base des pochettes ou de sites internet. Il revêt la forme classique d'un dictionnaire : derrière l'entrée est donnée la prononciation en phonétique, la catégorie grammaticale, puis la définition. Les exemples sont constitués par de nombreuses citations provenant de l'énorme stock de chansons étudiées. Pourtant, ce glossaire dépasse aussi largement le cadre d'un dictionnaire, car les articles sont suivis de différentes rubriques : un commentaire (sur la formation, par verlan simple ou plus complexe), une liste d'attestations antérieures (dans la presse, dans des scénarios, des ouvrages de linguistes, des chansons…), une indication de la fréquence dans le corpus de raps, l'indication de paronymes/synonymes intra-verlaniques, des renvois à des termes voisins. Une immense qualité, qui distingue ce glossaire de la plupart des dictionnaires du genre : chaque terme est défini en lui-même, et non à travers son équivalence supposée avec son mot-source, ce qui suppose d'avoir admis son autonomie. Ainsi, *pécho* est défini en « attraper, saisir, trouver », et *choper* ne viendra que dans le commentaire – et il est vrai que le sens s'est en partie autonomisé, spécialement à travers les collocations. Un autre intérêt majeur de l'ouvrage de Debov est que l'écrit est pris en compte, pour un domaine où il est tout sauf fixé : différentes graphies concurrentes sont données, qui attestent que l'on peut, par la façon même d'écrire, rappeler ou dissimuler l'origine d'un mot (exemple : *tierquar* à côté de *tiécar* ou même *tiékar* – car la créativité se loge aussi dans la graphie).

Émanant de centaines de groupes différents, les citations données en exemple constituent un mode original d'entrée dans le panorama du rap français. L'auteur a effectué un travail sans aucun doute considérable de dépouillement de très nombreux textes de rap français ; et la « liste des auteurs et des groupes rap français analysés », en fin d'ouvrage, fait état de 366 items, allant des plus connus à d'autres qui le sont moins, qui, selon le préfacier, concernent « près de 200 rappeurs ou groupes de rap ».

Le linguiste romaniste russe Valéry Debov est déjà connu des amateurs de rap français, pour son dictionnaire paru en 2012. Devant les plusieurs centaines d'articles, je me suis contentée d'en suivre quelques-uns, choisis pour partie au hasard, dans le plaisir de la flânerie à travers les 412 pages qui vont de *aç* à *zonzon*, mais aussi avec l'idée de voir comment sont pris en compte quelques enjeux grammaticaux du verlan, en particulier pour les verbes ne comportant pas de marque d'infinitif ou de participe passé. La lecture est enrichie, de façon bienvenue, de très nombreux renvois internes, les termes qui renvoient à d'autres articles étant astérisqués dans la notice. Il y a là une fabuleuse somme de savoir, avec d'inévitables faux pas, comme quand Debov peine à « commenter » de quoi *kisdé* serait le verlan – et effectivement, ce n'est pas du verlan, mais l'apocope de *qui-se-déguise* (= policier en civil, qui dissimule l'uniforme) – par contre verlanisable en *dékis* puis apocopable en *dèk*.

L'introduction au glossaire est brève (p. 15-18), mais on regrettera que ces 3 pages soient empreintes d'une vision romantique du « cefran des técis », alors que ce qui ressort du rap, intéressant en soi, n'est pas que les façons de parler des jeunes. Il n'est pas vrai que « les mots argotiques (mais aussi populaires, familiers et même neutres) largement utilisés [soient] souvent presque tous 'verlanisés' » (p. 16) ; et pas non plus tout à fait vrai que le verlan soit « un langage original inventé par les jeunes des cités en galère » (p. 15), même si c'est ce qu'aiment dire les jeunes. Debov n'est pas très au clair sur le rapport entre un objet (les façons de parler des jeunes) et sa représentation littéraire dans le rap. Le verlan ralentit aujourd'hui en tant que procédé créatif, mais Debov n'est pas assez sociolinguiste pour voir la dynamique, les mots de verlan s'usant comme tous les phénomènes expressifs du lexique. On peut aussi être gênés par l'évocation de « l'authentique », la « culture de classe », ou le rap comme « contre-culture ». Tout cela n'est pas entièrement faux, juste édulcoré et dit un peu naïvement : l'auteur est plus à l'aise avec le rap dont il a une connaissance époustouflante, et avec sa solide démarche dictionnairique qu'avec la sociologie ou la sociolinguistique.

La préface de Christophe Rubin (spécialiste de la chanson française et du rap) soulève de bonnes questions, comme l'effet d'aller-retour entre façons de parler des jeunes des quartiers et usage de formes par les rappeurs. Il souligne aussi finement que beaucoup de dictionnaires de ce type d'usages tentent de compenser par la distanciation ou l'humour ce que l'objet aurait de pas-tout-à-fait-légitime – et il est vrai que Debov échappe à cet écueil, en prenant son objet au sérieux, comme on le ferait de toute forme de langue.

Cet ouvrage est sans aucun doute à recommander, parce qu'il offre un stock fabuleux de pépites langagières, que quiconque s'intéresse aux parlers jeunes, au rap, ainsi qu'à la créativité linguistique et à ce que la langue française est susceptible de produire, consultera avec intérêt et profit, à condition qu'il soit clair que les pépites en question reflètent le rap, et seulement de façon indirecte les façons de parler des jeunes.

Debov, Valéry (2012). *Diko des rimes en verlan dans le rap français,* La maison du dictionnaire/Dicoland, 320 p.

Dictionnaire de la zone, http://www.dictionnairedelazone.fr/?index=lexique&let=0

Jean-Marie KLINKENBERG
La langue dans la cité. Vivre et penser l'équité culturelle
Les impressions nouvelles, 2015, 313 pages
Compte rendu de Françoise Gadet, Université Paris-Ouest et MoDyCo

---

Jean-Marie Klinkenberg (JMK) poursuit avec ce nouvel ouvrage un thème qui lui tient à cœur : les politiques linguistiques, et tout particulièrement les politiques appliquées au français, surtout celles de la « francophonie septentrionale » – c'est-à-dire les français d'Europe et d'Amérique du nord, qu'il connaît bien, à la fois des points de vue linguistique et littéraire. C'est là un thème qu'il avait déjà largement exploré dans son livre de 2001, et une thématique qui, pour affleurer assez tardivement dans son œuvre, n'en constitue pas moins un fil rouge récurrent (voir aussi son article de 1999). Il s'y consacre à côté de la sémiotique et de la rhétorique, disciplines dans lesquelles il est surtout réputé.

Il s'agit pour ce linguiste belge, professeur émérite de l'université de Liège, d'appliquer ses bonnes connaissances des différentes façons de parler le français (son intérêt pour la francophonie canadienne est bien connu, en plus de ses travaux sur le français de Belgique) à mener une « réflexion authentique sur les aspects politiques de la langue » (p. 83). Selon lui, les décideurs politiques ont d'autant plus de mal à conduire cette réflexion qu'ils sont « aveuglés par les idées reçues courant dans le corps social » (*id.*) – idées reçues sur la langue, s'entend. Les huit chapitres du livre auront d'ailleurs pour conséquence, au passage, de balayer nombre de ces idées reçues – à condition que leurs détenteurs soient prêts à s'en défaire, ce qui n'est pas certain.

L'objectif de JMK est de regarder nos langues (en particulier le français) et nos savoirs langagiers en tenant compte des exigences de communication qui dominent le monde d'aujourd'hui, dans nos sociétés globalisées, sans toutefois perdre de vue le rôle des relations entre les humains. Le chapitre I (« La langue, cet obscur objet politique ») revient sur la notion de « langue », compte tenu de ce que l'usage de celle-ci est toujours un vecteur de pouvoir : il faut, pour lui, « ouvrir l'éventail langagier » (p. 55). Le chapitre II poursuit ce même thème sur la langue française : « La langue, affaire politique. Mais quelle politique ? », où il critique tout spécialement la vision essentialiste de la langue, qui a pour effet d'aboutir à un « citoyen minoré » (p. 84), alors qu'il faudrait au contraire modifier le rapport du citoyen à sa langue. Le chapitre III (« La francophonie, une mission ou un destin ? ») retrace la destinée de la notion de *francophonie*, du fait que le français est décidément une langue plurielle ; il lui semble indispensable de compléter cette notion avec « le francophone » (voir aussi son article de 2016). Le chapitre IV (« Dominantes et dominées. Le français dans le marché des langues ») revient sur la notion de « marché des langues », pour situer le français dans l'opposition, bien assise, entre langues dominantes et langues dominées, ce qui conduit JMK à réfléchir aux mécanismes de la domination linguistique. Dans le chapitre V, qui porte le joli titre « Une langue en déliquescence ? », il s'agit évidemment de la fameuse « crise du français » (« crise interne », avec les deux symptômes de l'anglomanie et de l'orthographe). Le chapitre VI amène le lecteur dans les trajets d'appropriation de la langue (conceptions didactiques se donnant pour objectif de rendre le français « appropriable », p. 210), sous le titre « Maîtriser la langue, ou se l'approprier ? ». Le chapitre VII explore les possibilités de « Moderniser l'équipement linguistique », sous les formes du « génie linguistique » des industries de la langue et des enjeux terminologiques. Le chapitre VIII enfin revient sur la situation du français parmi les langues du monde (« Le français et les autres », avec la volonté d'une « ouverture » sur un véritable plurilinguisme – qui revient sur la notion de « marché linguistique »). Quant à la conclusion, ses 9 pages se veulent résolument optimistes, pas forcément quant à l'avenir immédiatement prévisible de la langue française, mais en tout cas quant à la capacité d'action et de réactions des citoyens-locuteurs, à quelques conditions de « politique linguistique » qui ont été largement tracées au cours de l'ouvrage.

L'objectif affiché de JMK est de parvenir à établir les principes d'une politique linguistique pour les citoyens, ce qui constitue constamment un « véritable combat » (p. 149), pour atteindre la justice et l'équité (bref, une société « décente »), dans la mesure où la langue est indéniable source de pouvoir. Selon sa formule, il serait souhaitable de donner toute sa force au principe que « la langue est pour le citoyen, et non le citoyen pour la langue » (p. 92). Il défend l'idée qu'à côté de politiques de santé, de la ville ou de travail, dont personne n'aurait l'idée de mettre en doute l'intérêt dans l'organisation du monde actuel, il est indispensable de mettre en place des « politiques de la langue » explicites.

Cet ouvrage – peut-être un peu long, tant les lecteurs d'aujourd'hui ont fini par perdre l'habitude de lire des textes de 300 pages – constitue souvent un réel plaisir de lecture, JMK ayant une plume heureuse, raffinée et fréquemment bien acérée, et le sens de la formule qui fait mouche – en même temps qu'une grande capacité de clarté. Une fois passées les 100 premières pages, un peu trop proches à mon goût de son ouvrage de 2001 (ce qui est pleinement assumé dans l'introduction – mais peut-être aurait-il été possible de le résumer plus brièvement ?), l'ensemble de ce que Jean-Marie Klinkenberg soumet à notre réflexion est tout à fait stimulant – à condition bien entendu que les politiques s'avèrent finalement capables de l'entendre.

Klinkenberg, J.-M. (1999), « La francophonie septentrionale. Belgique francophone, Suisse romande, Québec », dans J. Chaurand (dir.), *Nouvelle histoire de la langue française*, Paris, Le Seuil, p. 505-543.

— (2001), *La langue et le citoyen. Pour une autre politique de la langue française*, Paris, Presses Universitaires de France.

— (sous presse), « La fabrique du francophone. Repères pour l'étude d'une construction discursive », dans L. Arrighi et A. Boudreau (dirs), *La construction du locuteur francophone. Langue et légitimation*, Québec, Les presses de l'Université Laval (coll. Les Voies du français).

Alain RABATEL, Michèle MONTE et Maria das Graças SOARES RODRIGUES (dirs)
Comment les médias parlent des émotions.
L'affaire Nafissatou Diallo contre Dominique Strauss-Kahn
2015, Limoges, Lambert-Lucas, 322 pages
Compte rendu de Malika Temmar, Université d'Amiens, Céditec EA3119 UPEC

L'affaire DSK a fait couler beaucoup d'encre, ce livre en propose une approche originale en développant une analyse du discours de cet événement médiatique à l'échelle internationale. L'entrée privilégiée est celle de l'analyse de la mise en discours des « émotions » dans l'affaire ND contre DSK. Ce livre ne s'intéresse pas tant au feuilleton de cet événement médiatique : interrogations, rebondissements, etc., qu'aux différents modes de représentations discursives de l'affaire dans différents contextes nationaux. Sont ici passées au crible les « émotions » suscitées par l'affaire dans des contextes nationaux médiatiques très variés comme ceux de l'Allemagne, de la Belgique, du Brésil, de l'Espagne, des États-Unis, de la France, de la Guinée (ainsi que d'autres pays d'Afrique francophone via le site de *Jeune Afrique*), de l'Italie, du Portugal, de la Roumanie et de la Suisse.

Pour les auteurs de ce livre « l'affaire est de part en part un indicateur de l'état de nos sociétés, de leurs valeurs dominantes, de leurs fonctionnements tant dans le monde judiciaire que dans le monde politique ou médiatique. » (p. 7) Ainsi considérée, l'affaire permet un éclairage sur la manière dont les différentes presses infléchissent la relation à l'événement : par rapport à l'hostilité du FMI au Brésil, la réaction communautaire en Afrique ou encore le désir en Europe de régler certains comptes avec la France.

Cet ouvrage se situe dans le cadre des nombreuses analyses des émotions qui se multiplient aujourd'hui dans des champs disciplinaires très variés allant de la philosophie, à la sociologie, à la psychologie, aux sciences cognitives. Il privilégie d'une part, une étude des émotions issue du domaine des sciences du langage et de l'analyse du discours et se focalise d'autre part, sur une étude de la manière dont l'émotion est articulée à l'argumentation. Plus précisément, ce livre qui entend par « émotion » aussi bien les « sentiments » que les « affects » s'attache aux analyses des trajectoires argumentatives et aux positionnements énonciatifs.

L'approche cherche à étudier les liens entre argumentation et émotion et les liens entre émotion et énonciation. Les trois modes de sémiotisation des émotions que distingue Micheli dans le numéro 38 de la revue *Semen* (2003 :20) : « l'émotion dite » (désignée dans le lexique, par la syntaxe), « l'émotion montrée » (inférée au niveau énonciatif), « l'émotion étayée » sont utilisés par de nombreuses contributions de ce livre.

Outre la dimension internationale du corpus, on trouve dans cet ouvrage une pluralité d'approches. Linguistes, sociologues, psychologues se saisissent du matériel aussi bien iconique que verbal du discours de presse avec plusieurs points de vues qui tour à tour analysent les aspects dialogiques, lexicologiques, sémantiques, énonciatifs (etc.) avec la prise en compte, dans chaque cas, des relations entre différents niveaux linguistiques. Les 16 articles ainsi que son introduction de 27 pages (M. Monte, A. Rabatel, M. D. G. Soares Rodrigues) offrent un foisonnement d'approches, d'objets et de supports qui sont regroupés en trois parties.

Dans la première partie, « centrée sur le lien entre émotions et identités sociales », la schématisation de l'affaire passe par ses modes de mise en récit (P. Charaudeau), elle peut aussi permettre de mettre en lumière l'indignation face aux hommes de pouvoir portés par l'*hybris* (I. Hekmat). L'approche psychosociale met en lumière quant à elle le lien entre émotion et cognition. À travers l'étude de la figuration fictionnelle de l'affaire dans les films, l'article de B. Villez montre en quoi l'affaire adaptée au cinéma est un objet d'étude privilégié qui permet de saisir les sentiments et les émotions suscités par l'événement. En étudiant l'une des controverses suscitées par l'affaire (celle du *Nouvel observateur,* qui mettait à sa une « Belle et Bête », le roman de Marcela Iacub, en février 2013), l'article de L. Kaufmann et F. Malbois analyse la palette des émotions auxquelles s'articule l'affaire, celles-ci sont données à lire selon un « arc affectif ».

La deuxième partie est consacrée aux « manifestations sémio-linguistiques des émotions dans différents corpus ». À partir d'un corpus de journaux issus de *La Croix, le Figaro, l'Humanité, Libération*, M. Monte étudie les différents modes de sémiotisations des émotions au sein de plusieurs genres discursifs. Sont analysés les mécanismes linguistiques de la construction de l'empathie notamment dans les reportages, dans les articles d'information ou de commentaires. A. Rabatel étudie pour sa part les émotions dans l'argumentation des féministes dans un corpus militant : le manifeste « Pas de justice, pas de paix ». Dans une optique proche de la C.D.A, il met en lumière les tensions émotionnelles liées à l'indignation par rapport à l'abandon des poursuites pénales contre D.S.K. E. Devrient analyse le paradigme désignationnel associé au nom de Nafissatou Diallo. I. Desailly analyse pour sa part les dessins de presse (publiés dans le *Courrier international* et dans *Le Monde*) en tant qu'ils traduisent des normes morales associées à certaines émotions.

La troisième partie s'attache à « la dimension multiculturelle de l'affaire dans les études contrastives ou portant sur des pays autres que la France » et consiste en une analyse contrastive du traitement de l'affaire dans différents contextes nationaux. A. Oprea analyse les pratiques discursives et les enjeux pathémiques de l'affaire dans la presse roumaine et française. M. Immacolata Spagna étudie la fonction de la charge affective des titres des Unes de la presse nationale italienne deux mois après l'inculpation de DSK. Cette étude montre comment chaque ligne éditoriale de chaque journal met en scène l'affaire en fonction de l'émotivité de son lectorat en l'orientant politiquement. N. I. Vuelta, A. G. Galàn et B. A. Arnàiz étudient l'éclatement de cette affaire en Espagne dans les quatre journaux espagnols les plus diffusés ; l'affaire surgissant en même temps que la préparation des élections locales et générales du Parti socialiste et du Parti populaire. Les quatre quotidiens montrent des différences par rapport aux choix des émotions véhiculées selon l'orientation idéologique. R. Pinto et M. A. Marques proposent une étude comparée de textes portugais et brésiliens. Ils mettent en lumière la manière dont ces deux pays veulent provoquer à peu près les mêmes émotions chez l'auditoire avec une tension dramatisée sensible dans le corpus brésilien par rapport au corpus portugais. M. D. G. Soares Rodrigues et L. Passeggi proposent une analyse textuelle et discursive des émotions argumentées dans quatre chroniques publiées dans un grand journal brésilien. A. L. T. Cabral, S. C. Marquesi et I. R. Seara s'attachent à l'étude d'un blog brésilien et portugais. Ils analysent la façon dont s'articulent, dans ce support particulier, les séquences descriptives et l'expression des émotions.

Proposant une analyse du discours contrastive, cet ouvrage suscite des interrogations interculturelles sur les différents contextes médiatiques étudiés. Rares sont les études qui en analyse du discours présentent cette dimension comparée et qui parviennent à dépasser les barrières linguistiques pour réaliser ce genre d'étude. On trouve aujourd'hui beaucoup de travaux sur le discours de presse mais le point de vue adopté ici permet de mettre en lumière un point rarement pris en compte : la manière dont les médias mettent en scène des émotions. Ce livre offre à ce titre un décryptage précieux des médias et de la société par des spécialistes du discours.

Agnès STEUCKARDT (dir.)
Entre village et tranchées. L'écriture de Poilus ordinaires
2015, Uzès, Inclinaison, 444 p.
Compte rendu de Gilles Siouffi, Université Paris-Sorbonne

Pendant la Première Guerre mondiale, on le sait, des millions de lettres et de cartes postales ont été échangées entre le front et les familles. Pour beaucoup, ce fut le premier moment d'une pratique aussi intensive de l'écrit. Jusqu'ici, ces correspondances avaient surtout été étudiées par les historiens, à l'exception d'Henri Frei dans sa *Grammaire des fautes* de 1929, qui avait eu accès à des lettres déposées à la Croix Rouge de Genève, et de quelques rares linguistes parmi lesquels Sonia Branca-Rosoff. À l'occasion du centenaire, de nouvelles correspondances ont été mises au jour, parfois à l'invitation de la « Grande Collecte » organisée dans le cadre de la Mission Centenaire 14-18. Depuis Montpellier, Agnès Steuckardt a réuni un collectif de chercheurs autour d'un ensemble de 659 cartes et lettres de soldats et de familles émanant pour l'essentiel de l'Hérault, avec un petit contingent de l'Ain, qui ont été numérisées, transcrites et annotées en vue d'une exploitation textométrique. Le présent ouvrage est le résultat de ce travail d'équipe. Il rassemble 13 études portant chacune sur un aspect significatif de cette « écriture », pour reprendre le mot du titre, et une deuxième partie nous donne à lire un choix de lettres et de cartes retranscrites selon un protocole de fidélité absolue à l'égard de la graphie et de la ponctuation.

Car tel est, au-delà de la valeur de témoignage, l'enjeu du présent travail : investiguer ce que nous apprennent ces écrits « non conformes à la norme institutionnelle » et qui « ne soulèvent pour autant aucun problème de compréhension », comme l'écrit d'Agnès Steuckardt dans son introduction (p. 10). Écrits « ordinaires », selon le titre, écrits « peu-lettrés », selon une terminologie aujourd'hui répandue : le choix s'est porté, de façon assumée, sur des écrits de villageois d'un niveau d'étude très modeste. La difficulté d'écrire est même explicitement décrite par certains. Tel mari recommande à sa femme de bien « faurmer [s]es mots »...

De fait, à lire aujourd'hui ces textes non passés par le crible de la norme, on vit une expérience assez inédite et troublante. Freinée par les graphies étranges, les segmentations et agglutinations inopinées de mots, l'absence de presque tout signe de ponctuation, la grammaire parfois particulière, la lecture se fait déchiffrement, sur le mode de la révélation lorsque le sens soudain s'éclaire, parfois par le biais d'une nécessaire oralisation. Le discours frappe, alors, par son absence absolue d'hésitation, sa « sûreté », à sa manière, et l'émotion en est d'autant plus grande.

Les contributions réunies sont de deux ordres. On peut isoler un premier ensemble qui détaille les questions d'ordre linguistique que cette écriture ne manque pas de poser : orthographe, lexique, syntaxe, ponctuation, présence éventuelle des dialectes… Le second relève plutôt de l'analyse stylistique ou de l'analyse de discours : questions de rapport à la « lettre », questions rhétoriques et pragmatiques, de rituels discursifs, d'expression des émotions, de l'intime… On remarquera que l'ensemble est pluridisciplinaire et qu'il associe chercheurs confirmés et étudiants, dans une belle dynamique d'équipe. À ce titre, c'est un étudiant en master d'histoire, Simon Mercier, qui a rédigé la nécessaire mise au point liminaire sur la sociologie des soldats, leur vie quotidienne et leurs conditions d'écriture. Du côté linguistique, on retiendra de la contribution de l'éminent spécialiste de l'orthographe Jean-Christophe Pellat que les graphies des Poilus, loin des canons (si l'on peut dire) mais loin aussi de l'aléatoire complet, révèlent souvent ce que l'auteur appelle des « zones de fragilité » historiques de l'orthographe française, faisant parfois réaffleurer des usages longtemps acceptés. S'agissant de la ponctuation, Agnès Steuckardt relève une singulière rareté en virgules et en ponctuation expressive, au profit du seul point. Mais ce point ne semble pas toujours impliquer un sens net de la « phrase », de grandes « périodes » apparaissant parfois, structurées par des *car* et des *mais* répétés, le tout subissant des inflexions personnelles notables, des « phrasés » et des couleurs stylistiques individuelles. Dans le sillage d'Henri Frei, Christel Le Bellec s'attache à étudier les points de syntaxe (auxiliaires, déterminants, conjonctions, pronoms relatifs, zeugmes syntaxiques…) qui s'éloignent de la norme, et note que, si certains de ces usages rappellent des emplois proscrits du français normé depuis le XVIIe, d'autres (le décumul du pronom relatif, par exemple) paraissent s'inscrire dans une tendance analytique caractéristique du français moderne (p. 89).

On le sait, les dialectes ne s'écrivaient pas, ou peu, au début du XXe siècle. Mais l'occitan est-il la « part absente » de ces lettres, comme Jean-Michel Géa se le demande dans sa contribution ? De fait, une fois les comptages faits, ainsi que la difficile évaluation de ce qui relève vraiment de « calques » ou de points de rencontre avec des archaïsmes ou des variations anciennement acceptées du français, le constat est net : faible affleurement de l'occitan, alors que celui-ci était l'idiome de l'oral quotidien au village. L'auteur de l'étude cite la déclaration explicite de l'un des soldats sur son usage engagé et patriotique du français comme l'un des facteurs possibles. N'oublions pas la vigueur du nationalisme et de la propagande. Autre question souvent associée aux lettres des Poilus : celle de l'argot. Le mot *boche*, omniprésent comme le montre Nathalie Auger, mais seulement employé par les hommes, en est un exemple bien connu (attesté au sens de « mauvais sujet » depuis le milieu du XIXe). Nicolas Bianchi nous propose ici un comptage et un glossaire permettant d'y voir plus clair dans ce qu'on a parfois présenté comme la « langue des tranchées », avec, note-t-il, d'évidentes intentions grossissantes (il se pose des questions, notamment, sur les lettres que Lazare Sainéan avait envoyées au *Figaro* à l'époque, et qui contiennent 6 à 7 fois plus d'argot que ce qu'il relève ici). Français populaire : oui ; argotique, en partie, mais pas dans une proportion aussi élevée qu'on aurait pu le penser.

Écrites dans des circonstances singulières, ces lettres ne manquent pas de déconcerter parfois le lecteur d'aujourd'hui. Comme le note Sonia Branca-Rosoff, elles ont souvent une allure assez cérémonieuse, avec des rituels d'ouverture et de clôture affirmés, un aspect parfois peu individualisé. Pour l'auteure, le « rituel épistolaire » et le « flux verbal » sont ainsi « deux formes d'appropriation de l'écriture » de ces scripteurs inexpérimentés. Parfois, note Florence Pellegrini dans sa contribution sur les logiques énonciatives et discursives des lettres, « le code est si prégnant qu'il peut emplir à lui seul l'espace de la lettre, au détriment de tout autre contenu informationnel » (p. 112). Fonction phatique ? Corinne Gomila, Stéphanie Fontvieille et Chantal Wionet s'attachent à montrer dans ces lettres l'importance de la fonction de contact, de la voix, de la pudeur. Et au travers d'une étude de fréquence, Giancarlo Luxardo met en évidence la prégnance de deux grands champs lexicaux : l'armée, et la famille, tout en notant l'inattendue rareté de mots tels que *patrie* ou *nation*.

Parler, oui, mais de quoi ? C'est finalement la question qui ressort de l'expérience de lecture que nous propose, après les études, le choix offert par l'ouvrage. Expérience intrusive, dérangeante, mais qui nous apprend beaucoup sur certains usages du langage, au-delà de tout ce qu'elle nous dit sur un moment d'histoire et une certaine condition de l'écriture.

• Vincent MARISCAL
Le paradoxe du « langage commun » dans les entreprises :
entre horizontalisation et contrôle social des pratiques langagières au travail
Cet article analyse une forme spécifique de contrôle du langage au travail apparue dans les années 1980, à travers l'étude de manuels de communication d'entreprise. Il s'agit de la notion de « langage commun », censée garantir la mobilisation de tous les acteurs en vue du succès de l'entreprise. Les auteurs des manuels envisagent les pratiques langagières au travail comme pouvant être parfaitement horizontales et symétriques. Le langage est, ainsi, considéré comme un « code », autant linguistique que socioculturel. En assurant son acquisition par tous les acteurs, on pourrait alors obtenir une intercompréhension parfaite. Nous défendons l'idée que cette vision repose sur le déni des rapports conflictuels inhérents à toute relation sociale, en particulier au travail, et qu'elle est basée sur une homogénéisation linguistique et culturelle particulièrement stricte, tout en mettant en scène une logique néolibérale, c'est-à-dire une société de libre-échange où les facteurs socioculturels et sociolinguistiques sont minorisés.
Mots clés : code, contrôle, horizontalisation, néolibéralisme, normalisation, prescription.

The paradox of 'common language' in businesses : horizontalization and the social control of language practice in the workplace
Abstract: Using an examination of corporate communication manuals, this article analyses the notion of 'common language', a specific type of workplace language control which emerged in the 1980s as a way of improving employee motivation and thus ensuring a company's success. The manuals' authors believe language practices in the workplace can be perfectly horizontal and symmetrical. Language is thus seen as a linguistic and sociocultural 'code' which, if learnt by all players, will lead to perfect mutual understanding. We argue that this vision ignores the conflict inherent in all social relationships, particularly in the workplace, and that it is based on a particularly rigid linguistic and cultural homogeneity, which accompanies a neoliberal perspective consisting of a society devoted to free exchange, in which sociocultural and sociolinguistic factors are underestimated.
Key Words : code, control, horizontalization, neoliberalism, normalization, prescription.

La paradoja del «lenguaje común» en las empresas: entre la horizontalización y el control social de las prácticas lingüísticas en el trabajo
Este artículo analiza una forma específica de control del lenguaje en el trabajo surgida en los años 80, a través del estudio de manuales de comunicación empresarial. Se trata de la noción de «lenguaje común», con el que se pretende garantizar la movilización de todos los agentes hacia el éxito de la empresa. Los autores de los manuales consideran que las prácticas lingüísticas en el trabajo pueden ser perfectamente horizontales y simétricas. Así, el lenguaje se considera como un «código», tanto lingüístico como sociocultural. Asegurando su adquisición por parte de todos los agentes, se podría conseguir una comprensión

recíproca perfecta. Defendemos la idea de que esta visión se basa en la negación de los vínculos conflictivos inherentes a toda relación social, en particular en el trabajo, y en una homogeneización lingüística y cultural particularmente estricta, a la que se aplica una lógica neoliberal, es decir, una sociedad de libre comercio en la que se minimizan los factores socioculturales y sociolingüísticos.
Palabras clave: código, control, horizontalización, neoliberalismo, normalización, prescripción.

- Germán Fernández VAVRIK
Négocier la distance institutionnelle. Discrimination positive et interactions dans une salle de classe
Un défi clé pour les acteurs engagés dans des politiques de discrimination positive est de négocier la distance institutionnelle. Il est nécessaire, dans les activités quotidiennes, de marquer l'horizon et les limites du traitement préférentiel adressé aux bénéficiaires, victimes de la discrimination et des inégalités sociales. Cet article rend compte de l'accomplissement de la distance institutionnelle dans un programme de discrimination positive argentin adressé à des jeunes amérindiens huarpes et d'origine rurale. Le traitement préférentiel – trait essentiel de la discrimination positive – de ce programme de l'Université de Cuyo se réalise concrètement par des pratiques plus proches de la sollicitude que du soutien scolaire. En ayant recours à l'analyse de mes enregistrements audiovisuels, je soutiens que l'expérience des acteurs du programme s'organise par un principe interactionnel et institutionnel fondamental. La routine du programme s'appuie sur la réalisation d'« alternances interactionnelles » permettant aux enseignants de se rapprocher des boursiers à tout moment en préservant le droit de revenir à une distance institutionnelle ordinaire.
Mots clés : discrimination positive, interactions, indices de contextualisation, expérience, scolarisation, inégalités.

Negotiating institutional distance. Positive discrimination and interaction in a classroom
A key challenge for positive discrimination policymakers is negotiating institutional distance. In day-to-day activities it is necessary to fix the duration and the scope of preferential treatment aimed at victims of discrimination and of social inequality. This article reports on the issue of institutional distance in an Argentinian positive discrimination program aimed at rural youngsters from the Huarpe native people. In this University of Cuyo program, preferential treatment – an essential aspect of positive discrimination – is made up of actions more similar to care than to learning support. By analyzing my audiovisual recordings, I conclude that with regard both to interaction and to the institution, the participants' experience of the program is structured around a fundamental principle. The program's routine uses the creation of "interaction switching" which allows teachers to reduce the distance between themselves and these scholarship-students at any time, while retaining the possibility of returning to standard institutional distance.

Key words: positive discrimination, interaction, contextual indices, experience, schooling, inequalities.

Negociar la distancia institucional. Discriminación positiva e interacciones en un aula escolar
Uno de los desafíos clave para los autores encargados de poner en práctica las políticas de discriminación positiva es el de negociar la distancia institucional. En las actividades cotidianas, es necesario marcar los límites y el horizonte del tratamiento preferencial dirigido a los beneficiarios y a las víctimas de la discriminación y de las desigualdades sociales. Este artículo da cuenta de los logros y de la distancia institucional en un programa de discriminación positiva argentino dirigido a jóvenes amerindios huarpes de origen rural. El trato preferencial -aspecto esencial de la discriminación positiva- de este programa de la Universidad de Cuyo se lleva a cabo concretamente a través de las prácticas más cercanas de la solicitud que del apoyo escolar. Mediante el análisis de mis registros audiovisuales, mantengo que la experiencia de los agentes del programa se organiza por un principio institucional y de interacción natural. La rutina del programa se apoya en la elaboración de «alternancias interactivas» que permiten a los educadores acercarse a los becarios en cualquier momento, preservando el derecho de regresar a una distancia institucional ordinaria.
Palabras clave: discriminación positiva, interacciones, índices de contextualización, experiencia, escolarización, desigualdades.

• **Fabienne MONTMASSON-MICHEL**
Une socialisation langagière paradoxale à l'école maternelle
Dans les écoles maternelles, les enfants sont soumis à une double socialisation langagière en tension. Ils sont socialisés au langage scolaire, légitime, inscrit dans la culture écrite : un langage verbal explicite et décontextualisé, une première connaissance de l'écrit matérialisé. Mais en même temps, un langage des pairs se développe. Il est inscrit dans l'oralité et structure un ordre social enfantin. Impensé comme langage dans l'institution, dominé mais résistant, il contrarie l'ordre et le langage scolaires. Les formes contemporaines du contrôle sur l'activité enfantine, reposant sur les présupposés d'une autonomie précoce, rendent possible la co-existence de ces deux langages au cœur même des activités pédagogiques. Pour l'acculturation scolaire, ce phénomène est socialement différenciateur, au détriment des enfants les moins dotés a priori en ressources scolaires.
Mots clés : socialisation langagière, école maternelle, petite enfance, culture des pairs, corps, autonomie.

The paradox of language socialization in nursery school
In French nursery schools, the language socialization children undergo is both dual, and mismatched. They are socialized in an academic and legitimate language, belonging to written culture: an explicit, decontextualized verbal language, which constitutes their first knowledge of materialized writing. At

the same time, a peer language develops, which belongs to oral culture and contributes to the structuration of a child-centered social order. Lacking institutional recognition as a language, dominated yet resistant, it hampers both school order and school language. Contemporary forms of control over child activity, which assume early autonomy, render possible the co-existence of these two languages at the heart of school activities. With regard to acculturation into schooling, this phenomenon produces social differentiation, to the detriment of children less endowed in school resources.
Keywords : language socialization, nursery school, early childhood, peer culture, body, autonomy.

Una socialización lingüística paradójica en la escuela infantil
Fabienne Montmasson-Michel
En las escuelas infantiles, se somete a los niños a una doble socialización lingüística en tensión. Se socializan en el lenguaje escolar, legítimo, inscrito en la cultura escrita: un lenguaje verbal explícito y descontextualizado, un primer contacto con el escrito materializado. Pero, al mismo tiempo, se desarrolla un lenguaje de pares. Este se inscribe en la oralidad y en la estructura del orden social infantil. Inconcebible como lenguaje en la institución, dominado pero resistente, es contrario al orden y al lenguaje escolares. Las formas contemporáneas de control sobre la actividad infantil, basadas en los supuestos de una autonomía precoz, hacen posible la coexistencia de estos dos lenguajes en el mismo centro de las actividades pedagógicas. Para la aculturación escolar, este fenómeno es socialmente diferenciador, en detrimento de los niños menos dotados a priori de recursos ecolares.
Palabras clave: socialización lingüística, escuela infantil, primera infancia, cultura de pares, corpus, autonomía.

• Marie VENIARD
Des ressources langagières pour concilier des injonctions paradoxales. Manifestations discursives de l'identité professionnelle des éducateurs spécialisés dans le genre « rapport éducatif »
À partir d'un corpus d'écrits professionnels constitué autour du genre « rapport éducatif » nous proposons d'étudier les ressources langagières développées par des éducateurs spécialisés pour concilier les injonctions paradoxales qui sont au cœur de leur métier, l'aide et le contrôle. Ces ressources permettent de faire exister un compromis en oscillant entre les deux tendances. Plusieurs phénomènes sont analysés, tels que l'euphémisme, mais aussi des formes originales de conciliation de points de vue contradictoires et d'ambiguïsation, qui permettent d'actualiser en même temps deux énoncés orientés vers des conclusions opposées. À travers ces formes, les éducateurs affirment une posture compréhensive qui s'explique par les contraintes du genre (préserver la face des destinataires, expliquer les comportements des personnes accompagnées).
Mots clés: identité professionnelle, langage et travail, discours professionnels, éducateurs, analyse du discours, discours d'accompagnement.

Language resources for reconciling paradoxical imperatives. Discursive traces of the professional identity of special-needs professionals in the "rapport éducatif" genre
Using a corpus of professional writing based around the "rapport éducatif" report genre, we have studied the language resources developed by special-needs professionals as a way of reconciling the paradoxical imperatives – helping and controlling – which are central to their activity. These resources render possible a compromise position, which oscillates between the two positions. Common phenomena such as the euphemism are analyzed, but also less usual ways of reconciling contradictory viewpoints and of creating ambiguity, which may allow two utterances tending towards opposing conclusions to both be actualized. Through these forms, the professionals adopt and assert a comprehensive standpoint which is in keeping with the constraints of the genre (preserving addressee face, explaining the behaviors of people in treatment).
Key words: professional identity, language and work, professional discourse, special needs, discourse analysis, care discourse

Recursos linguísticos para conciliar órdenes paradójicas. Manifestaciones discursivas de la identidad profesional de los educadores especializados en el género «relación educativa»
A partir de un corpus de escritos profesionales elaborado alrededor del género «relación educativa», proponemos estudiar los recursos lingüísticos desarrollados por educadores especializados para conciliar las órdenes paradójicas más relevantes de su profesión, la ayuda y el control. Estos recursos permiten alcanzar un compromiso oscilando entre las dos tendencias. Se analizan diversos fenómenos tales como el eufemismo, además de otras formas originales de conciliación de puntos de vista contradictorios y de ambiguación que permiten actualizar al mismo tiempo dos enunciados orientados hacia conclusiones opuestas. A través de estas formas, los educadores reafirman una postura comprensiva que se explica por las restricciones del género (preservar la dignidad de los destinatarios, explicar los comportamientos de las personas acompañadas).
Palabras clave: identidad profesional, lenguaje y trabajo, discursos profesionales, educadores, analisis del discurso, discurso de acompañamiento.

- **Anne-Laure KIVINIEMI**
Figures du discours et rapport de place dans les lettres de poilus
Cette étude de stylistique pragmatique s'intéresse au travail réciproque du rapport de place sur la figure (ce en quoi le rapport de place conditionne la figure) et de la figure sur le rapport de place (ce en quoi la figure a un effet retour sur le rapport de place) dans les lettres de soldats de la Première Guerre mondiale. L'objectif est de déterminer comment les scripteurs usent des figures pour concilier, réordonnancer ou infléchir les places qu'ils occupent réellement, prétendent occuper ou s'imaginent occuper. Il s'agira d'établir si le lien dynamique entre figures et rapport de place est en raison directe de la dextérité stylistique des scripteurs. Sera ainsi discutée l'hypothèse d'une « déchirure du pouvoir

d'expression » (Balibar, 1985 : 406) entre bénéficiaires de l'instruction primaire et bénéficiaires de l'instruction secondaire. L'aptitude des soldats à saisir et à infléchir dans un sens particulier le rapport de place via la figuralité est-elle fonction de leur passé scolaire? La France de la fin 19ᵉ juxtaposait en effet deux écoles distinctes, diffusant chacune une langue différente: l'école primaire (de 6 à 13 ans) inculquait la langue de la Leçon de choses tandis que l'école secondaire (de 8 à 18 ans) diffusait la langue de la dissertation d'idées. Le rapport entre figures du discours et rapport de place sera étudié à travers des extraits de la correspondance de trois soldats de parcours scolaires différant de par leur longueur et de par leur contenu. Le premier extrait est tiré de la correspondance d'André Fugier (1896-1966), bachelier de l'école privée, à ses parents. Le deuxième relève de l'échange entre Baptiste Lapouge (1885-1973), un peu-lettré de l'école publique, et sa femme Suzanne. Le troisième provient du fonds Rivière: Henri Rivière (1882-1916), certifié de l'école primaire, écrivait à son frère Jules. Seront ici analysés une allusion, un trope implicitatif et un oxymore
Mots-clés: stylistique pragmatique, rapport de place, figures du discours, écritures épistolaires, instruction primaire, instruction secondaire.

Figures of speech and differential status in the letters of World War I soldiers

This study, situated in the area of stylistic pragmatics, looks at the reciprocal impact of differential utterer status on figurative language in the letters of World War I soldiers. The aim is to determine how writers draw on figures to reconcile, reorder or inflect the positions that they occupy in reality, that they claim to occupy, or that they imagine themselves to occupy. In seeking to establish whether the dynamic link between figures and differential status is a direct result of the stylistic dexterity of the writers, it will look at the hypothesis of a "rupture in the power of expression" (Balibar, 1985: 406) between those schooled to primary level and to secondary level. Does the ability of soldiers to grasp and inflect differential status via figurative expression depend on their schooling? Late 19th-century France had two distinct schools, each of which promulgated a different language: primary school (ages 6-13) inculcated the language of the "Leçon des choses", a specific approach to scientific knowledge, while secondary school (ages 8-18) promoted the language of dissertations on ideas. The relationship between figures of speech and utterer status will be studied through extracts from the correspondence of three soldiers with differing educational backgrounds, both in terms of length and content. The first extract is taken from the correspondence of André Fugier (1896-1966), holder of a baccalauréat from a private school, to his parents. The second is from the exchanges between Baptiste Lapouge (1885-1973), a weakly-lettered soldier from a state school, and his wife Suzanne. The third is from the Rivière collection: Henri Rivière (1882-1916), holder of a primary-school certificate, to his brother Jules. An allusion, an implicitation trope, and an oxymore will be analyzed.
Key words: pragmatic stylistics, differential utterer status, figures of speech, epistolary writing, primary schooling, secondary schooling

Figuras retóricas y la relación de posición social en las cartas de *poilus* (combatientes franceses de la Primera Guerra Mundial)
Este estudio de estilística pragmática se centra en el efecto recíproco de la relación de posición social sobre la figura (aspectos en los que la relación de posición social condiciona a la figura) y de la figura sobre esta relación de posición (aspectos en los que la figura ejerce un efecto de retorno sobre la relación de posición social) en las cartas de soldados franceses de la Primera Guerra Mundial. El objetivo es identificar el modo en que los autores utilizan las figuras para conciliar, reubicar o modificar las posiciones sociales que realmente ocupan, afirman ocupar o imaginan ocupar. Se tratará de determinar si la relación dinámica que existe entre las figuras y la relación de posición social guarda una relación directa con la destreza estilística de los autores. Así, se discutirá la hipótesis de una «ruptura del poder de expresión» (Balibar, 1985: 406) entre los beneficiarios de una educación primaria y los beneficiarios de una educación secundaria. ¿Depende del pasado escolar de los soldados su capacidad para comprender y modificar en un sentido particular la relación de posición social a través de la figuralidad? La Francia de finales del siglo XIX mantenía dos tipos de escuelas distintas y cada una de ellas difundía un lenguaje diferente: la escuela primaria (de 6 a 13 años) inculcaba el lenguaje de la Leçon de choses («Lección de cosas», lecciones prácticas), mientras que la escuela secundaria (de 8 a 18 años) difundía el lenguaje de la disertación de las ideas. La relación entre las figuras retóricas y la relación de posición social se estudia a través de extractos de la correspondencia de tres soldados de trayectorias escolares diferentes tanto por su duración como por su contenido. El primer extracto se obtuvo de la correspondencia de André Fugier (1896-1966), bachiller de la escuela privada, dirigida a sus padres. El segundo se extrajo del intercambio entre Baptiste Lapouge (1885-1973), estudiante poco ilustrado de la escuela pública, y su mujer, Suzanne. El tercer extracto provenía del fondo Rivière: Henri Rivière (1882-1916), graduado en la escuela primaria, escribía a su hermano Jules. En ellos se analizan una alusión, un tropo implicativo y un oxímoron.
Palabras clave: estilística pragmática, la relación de posición social, figuras retóricas, escritos epistolares, educación primaria, educación secundaria.

NUMÉROS À PARAÎTRE :

- **Apprendre les langues : jeux de pouvoir et enjeux identitaires**
  dirigé par Chiara Bemporad.
- **Parler face aux institutions. La subjectivité empêchée**
  dirigé par M. Glady et A. Vandevelde-Rougale.
- **Approches sociales du langage et des langues. La revue a 40 ans**
  numéro double dirigé par Josiane Boutet.
- **Marseille : entre gentrification et ségrégation**
  dirigé par J.-M. Géa et M. Gasquet-Cyrus.
- **Dire les conflits de normes**
  dirigé par Émilie Devrient.

DERNIERS NUMÉROS PARUS :

- **Pratiques des langues en France : les enquêtes statistiques**
  dirigé par J. Boutet, n° 155, premier trimestre 2016.
- **Parlers ordinaires, parlers jeunes : terrains, données, théorisations**
  dirigé par F. Gadet & E. Guerin, n° 154, quatrième trimestre 2015.
- **Traduire et interpréter en situations sociales : santé, éducation, justice**
  dirigé par A. C. Ticca et V. Traverso, n° 153, troisième trimestre 2015.
- **Genre, langage et sexualité. Données empiriques**
  dirigé par L. Greco, n° 152, deuxième trimestre 2015.
- **Sociophonétique**
  dirigé par M. Candea et C. Trimaille, n° 151, premier trimestre 2015.
- **John J. Gumperz**
  De la dialectologie à l'anthropologie linguistique
  dirigé par J. Boutet et M. Heller, n° 150, quatrième trimestre 2014.
- **Éthos discursif**
  dirigé par Y. Grinshpun, n° 149, troisième trimestre 2014.
- **Recherches linguistiques sur le genre : bilan et perspectives**
  dirigé par L. Greco, n° 148, deuxième trimestre 2014.
- **Familles plurilingues dans le monde**
  Mixités conjugales et transmission des langues
  dirigé par C. Deprez, G. Varro, B. Collet, n° 147,
  premier trimestre 2014.
- **Humour et ironie dans la campagne présidentielle de 2012**
  dirigé par M. D. Vivero García, n° 146, quatrième trimestre 2013.

- Enjeux sociaux des mouvements de revitalisation linguistique
  dirigé par J. Costa, n° 145, troisième trimestre 2013.
- Varia
  n° 144, juin 2013.
- Dynamique langagière au Maroc
  dirigé par L. Messaoudi, n° 143, mars 2013.
- Psychologie sociale et sociolinguistique : la figure de Paul Wald
  dirigé par J. Boutet, n° 142, décembre 2012.
- Jeunes et parlers jeunes : des catégories en question
  dirigé par M. Auzanneau et C. Juillard, n° 141, septembre 2012.
- Analyse de discours à la française : héritage et reconfigurations
  dirigé par F. Dufour et L. Rosier, n° 140, juin 2012.
- Dell Hymes : héritages et débats
  dirigé par C. Trimaille et B. Masquelier, n° 139, mars 2012.
- Villes du monde arabe : variation des pratiques et des représentations
  dirigé par M-A. Germanos et C. Miller, n° 138, décembre 2011.
- Les discours de l'accompagnement :
  nouvelles normes du retour à l'emploi
  dirigé par D. Demazière et M. Glady, n° 137, septembre 2011.
- Appropriation politique et économique des langues
  dirigé par C. Canut et A. Duchêne, n° 136, juin 2011.
- Méthodes en analyse des discours
  dirigé par J. Boutet et D. Demazière, n° 135, mars 2011.
- Varia, n° 134, décembre 2010.
- New Literacy Studies, un courant majeur sur l'écrit
  dirigé par B. Fraenkel et A. Mbodj, n° 133, septembre 2010.
- Linguistique légale et demande sociale : les linguistes au tribunal
  dirigé par D. Lagorgette, n° 132, juin 2010.
- Sourds et langue des signes : norme et variations
  dirigé par B. Garcia et M. Derycke, n° 131, mars 2010.
- Pratiques discursives du christianisme contemporain
  dirigé par D. Maingueneau, n° 130, décembre 2009.
- Le français en milieu minoritaire
  dirigé par A. Boudreau et M. Ali-Khodja, n° 129, septembre 2009.
- Marcel Cohen : aux origines de la sociolinguistique
  dirigé par J. Boutet et A. Tabouret-Keller, n° 128, juin 2009.

Liste complète des numéros parus sur le site : www.LetS.msh-paris.fr

156 / CONDITIONS D'ABONNEMENT ET D'ACHAT AU NUMÉRO EN 2016

- **Achat d'un numéro**
  16,50 euros
  – dans toutes les librairies (diffuseur Sodis)
  – électroniquement sur www.lcdpu.fr et sur www.cairn.info

- **Achat d'un article**
  sur Cairn : www.cairn.info

- **Abonnement**
  Tarifs des abonnements 2016 (4 numéros par an) :
  FRANCE : individuels : 45,00 euros – collectivités : 55,00 euros
  ÉTRANGER : individuels : 57,00 euros – collectivités : 67,00 euros

  – Par chèque bancaire ou postal à l'ordre de Langage et société,
    à adresser à : Langage et société, FMSH, 18, rue Robert-Schuman,
    94227, Charenton-le-Pont

  – Par virement sur le compte bancaire suivant :
    FR76 3006 6100 4100 0105 5790 383
    en précisant dans l'intitulé du virement « revue Langage et société »

  Responsable des abonnements : Edwige Bossuyt
  tél. : (00 33) 1 53 48 56 32
  e-mail : bossuyt@msh-paris.fr

- **Adresse des sites**
  www.LetS.msh-paris.fr
  www.editions-msh.fr

Commission paritaire n° 1019G86045
JOUVE
1, rue du Docteur Sauvé, 53100 Mayenne
Imprimé sur presse rotative numérique
N° 2384765L – Dépôt légal : juin 2016
Imprimé en France